汉画像中的生态美学观研究

蔡惠萌　著

中国纺织出版社有限公司

图书在版编目（CIP）数据

汉画像中的生态美学观研究 / 蔡惠萌著 . --北京：中国纺织出版社有限公司，2022. 7

ISBN 978-7-5180-9659-6

Ⅰ. ①汉… Ⅱ. ①蔡… Ⅲ. ①汉画石—生态美—美学—研究—中国—汉代 Ⅳ. ①K879. 424

中国版本图书馆 CIP 数据核字（2022）第 118178 号

责任编辑：张 宏　　责任校对：高 涵　　责任印制：储志伟

中国纺织出版社有限公司出版发行
地址：北京市朝阳区百子湾东里 A407 号楼　邮政编码：100124
销售电话：010—67004422　传真：010—87155801
http://www. c-textilep. com
中国纺织出版社天猫旗舰店
官方微博 http://weibo. com/2119887771
天津千鹤文化传播有限公司印刷　各地新华书店经销
2022 年 7 月第 1 版第 1 次印刷
开本：787×1092　1/16　印张：10
字数：172 千字　定价：88. 00 元

前言 Preface

生态美学是生态学与美学的一种有机结合，是一种人与自然、社会达到动态平衡、和谐一致的处于生态审美状态的崭新的生态存在论，生态美学观是运用生态学的理论和方法研究美学，将生态学的重要观点吸收到美学之中，从而形成一种崭新的美学理论形态。生态美学思想虽然是人类在进入后工业化社会之后才出现的，但在我国先秦时期就已呈现，到了汉代，得到了进一步的继承与丰富发展，无论是在处理人与自然关系，还是稳定社会和谐；无论是在提高自身素质，还是在处理人与人之间关系等方面都日益完善。从生态美学的视角看，这些问题都是耐人寻味的。通过探寻汉画像中蕴含的生态美，可以发现它的哲学内涵与海德格尔的生态美学观之间的内在联系。本书首先分析什么是汉画像，汉画像与中国的美学传统及美学研究；其次，探究汉画像产生的时代；最后，分析生态美学的产生及汉代儒家生态美学观的缘起，在此基础上对汉画像进行分类，并分析汉画像的美学研究，进一步研究汉画像中的生态审美观。

著者

2022 年 3 月

目　录/Contents

第一章　汉画像的发现与研究

第一节　什么是汉画像

汉画像也称“汉画”，包括汉画像石、画像砖、壁画、帛画、漆画、玉器装饰、铜镜纹饰等的图像资料。❶ 这是一个图像学的概念，与传统金石学、考古学中的画像石、画像砖的概念，有一定的联系，但也有一定的区别。画像石、画像砖和帛画等是根据不同的物质材料而进行的划分，制作方法也有所区别。画像石是在棺椁、墓壁和祠堂表面上的镌刻；而画像砖则是印模、压模及窑烧的结果；帛画则是在绢帛上绘画。汉画像是对不同物质材料和形式表面图像的概括，它的侧重点在视觉图像的表现方式和接受方式上，因为只有这种方式才具有决定图像本原的意义。实际上，把画像石、画像砖说成是汉画像是不确切的，因为有些汉画像石是浮雕或半浮雕的，与其说是“画像”，不如说是“雕刻”，但汉画像石、画像砖的流行和鉴赏在传统上主要靠拓片，所以根据约定俗成，称其为“画像”。由于汉帛画、漆画等不好保存，历经千余年后，保存下来的极少，而画像石、画像砖保存、流传下来的却很多，所以汉画像不能不以汉画像石和汉画像砖的图像为主。本书就是在这一广义和狭义的交互关系中使用汉画像这一概念的。

据考，“画象”一词，可以追溯到汉代，但当时并不仅仅指一种美术意义上的画像，而主要是指一种象征意义的刑法。《汉书·武帝纪》诏贤良曰：“朕闻，昔在唐虞，画象而民不犯。”师古注引《白虎通》：“画象者，其衣服

---

❶ 常任侠为《中国美术全集·绘画编 18·画像石画像砖》写的序言《汉代画像石与画像砖艺术的发展与成就》一文中对画像的形式论述说：“汉画艺术是多样发展的。就今所知，有下列各种：一为绘在绢帛上的；二为绘在粉壁上的；三为绘在各种工艺品上的，如铜盘、漆盘、漆奁、玳瑁制的小盒、竹编的小箧等；四为刻在石材建筑物上的；五为印在墓砖上的。其他丝毛织品、镜鉴、带钩和画在雕器上的与镶嵌在金银铜器上的图案，暂置不论。”（《中国美术全集》卷 18，上海人民美术出版社 1988 年版，第 6 页）；顾森在《中国汉画图典》序中说：“汉画是中国两汉时期的艺术，其所包含的内容主要是两部分：画绘（壁画、帛画、漆画、色油画、各种器绘等）、雕像（画像砖、画像石、画像镜、瓦当等浮雕及其拓片）。”（浙江摄影出版社 1997 年版）

象五刑也。犯墨者蒙巾，犯劓者以赭著其衣，犯髌者以墨蒙其髌处，象而画之，犯宫者扉，犯大辟者布衣无领。”❶

此注说明，“画象”是一种刑罚，可称为“象刑”。所谓“象刑”，即“画衣冠”，原是形容舜帝时的贤明政治，虽有五刑（墨、劓、髌、宫、大辟），但不使用，而是以图画衣冠或异常的服饰象征刑罚。《尧典》：“象以典刑。”《皋陶谟》：“皋陶方祗厥叙，方施象刑惟明。”伏生《尚书大传》云：“唐虞之象刑，上刑赭衣不纯，中刑杂履，下刑墨幪，以居里而民耻之而反于礼。”汉时，“象刑”成为贤明政治国家大治的一种追求。因此，“画象”含有一种“权力意志”，是一个社会和权力机构对不合法行为的一种惩罚，但以图画衣冠的符号形式表现。

在汉代，“画象”一词也有我们今天理解的绘画的意义，一般在“图画其形象”上使用。例如：

初充国以功德与霍光等，列画未央宫。

——《汉书·赵充国传》

汉宣帝甘露三年（前51），“单于始入朝，上思股肱之美，乃图画其于麒麟阁，注其形貌，署其官爵姓名”。

——《汉书·苏武传》

邕遂死狱中……时年六十一。搢绅诸儒莫不流涕……兖州、陈留闻之，皆画像而颂焉。❷

——《后汉书·蔡邕传》

永平中，显宗追感前世功臣，乃图画二十八将于南云台。

——《后汉书·二十八将传记》

穆临当就道，冀州从事欲为画像置听事上，穆留板书曰：勿画吾形，以为重负。忠义之未显，何形象之足纪也！

——《后汉书·朱穆传》注引《谢承书》

州中论功夫上，会竦病创卒，张乔甚痛惜之，乃刻石勒铭，图画其像。

——《后汉书·南蛮西南夷·邛都夷》

（岐）先自为寿藏，图季孔、子产、晏婴、叔向四像居宾位，又自画其像居主位，皆为赞颂。

——《后汉书·赵岐传》

从这些历史记载可知，画像有“画形”之意，即“图画其形象”的简

❶《汉书》，中华书局1962年版，第161页。

❷《后汉书》（上册），岳麓书社1994年版，第849页。

称。《武梁碑文》曰："良匠卫改，雕文刻画。"可见，在石头上刻画像称为"雕刻"。从汉代到宋，一般不用"画像"指称墓石壁画或石刻，而用"镌刻""制作""图其像"等词称之。❶

据考，现代意义上的"画像"概念，源于宋代兴起的金石学。赵明诚《金石录》、洪适《隶释》《隶续》等书中都使用"画像"一词。就其本义看，"画像"指拓片上的图像，即平面上的画，并不指原石砖上的雕刻。因为金石学家对汉画像石、画像砖的研究往往依靠拓片，附属于文字、图像的研究，并不占主导地位。顾森指出："中国对汉代这些原砖原石的研究，几百年来基本上是根据拓片展开的，用拓片作图像学式的研究主要是近一百年的事。"❷

汉画像概念的使用，在现代的研究中仍不能统一，它反映了汉画像研究的地方性特征，因为其作为建筑材料砖石的使用，与一定的地理条件相关，如山东、苏北地区多山及丘陵，石材优秀，故汉画像石多流传；陕北、四川成都、河南郑州的一些地方，石材不易得，故多流行烧制的画像砖。因此，对这些由不同材料制作的汉画像的研究，便有了不同的名称。帛画指绘在绢帛上的图画，因绢帛易腐，所以流传下来的极少。随着考古学的发展，目前从楚汉墓葬中发掘出的帛画仅有 20 余幅。这和 1 万余块画像石比，不成比例。1972 年，长沙马王堆 1 号汉墓的"非衣"汉代帛画被发现后，曾掀起一股研究的热潮，帛画图像也因而广为人知。但对帛画的研究还停滞在文字与内容考订上，尚未能放在整个汉代图像学研究的框架内进行全面的审美文化学的探讨。

我们不再从画像依托的材料而对汉画像的图像进行分类，因为依托的物质材料不能决定视觉图像的本质，因为它既不是图像形成的根源，也不是图像接受的根源。我们是从视觉文化的角度，从人的视觉图像呈现的模式和形式上规定汉画像。狭义而言，"汉"是一个时代的标志，指汉朝。而广义而言又有汉民族、汉文化的内涵，因为一个"汉"字便包含历史的文化因素，"汉"只是个符号，其所指和能指的范围则是巨大的。画像，即是"图像"。因为图像本身仍然是一个值得研究、尚待开发的研究视域，这也显示

❶ 郦道元《水经注》卷八："有石阙祠堂石室三间，椽架高丈余，镂石作椽瓦屋，施平天造，方井侧荷梁柱，四壁隐起，雕刻为君臣官属龟龙凤之文，飞禽走兽之像，作制工丽，不甚伤毁。"又引（晋）戴延之《西征记》曰：鲁恭（应为峻）墓石祠石庙，"四壁皆青石隐起，自书契以来忠臣孝子贞妇，孔子及弟子七十二人形象，像边皆刻石记之，文字分明"。米芾《画史》："济州破朱浮墓，有石壁上刻车服人物。"朱熹《跪坐释说》："其后乃闻成都学府，有汉时礼殿。诸像皆席地而跪坐。文翁就是当时琢石所为，尤足据信。"

❷ 顾森：《中国汉画图典·序》。

了“汉画像”概念的巨大张力。画像，包含有“形象”“图像”“图画”“图形”等意义。我们可以把这个概念与英文中表示类似概念的词相比较，表示图像的英文词有 picture，image，figure 及 icon，这些词还衍化出一些同源词。一般说来，picture 与 image 常混用，但严格来说这两者还是有所区别的。picture 通常指一个具体构筑出来的物体，而 image 则更多地暗示呈现给观看者的虚拟的现象上的存在；前者是主动的表征行为（作为动词的 picture 有描述或刻写 depict 之意），而后者则是有些被动或自动的行为（从词源上看，image 与想象 imagine 同源）；前者可能指一种具体的视觉表征（如“图形的”，像 the “pictorial” image），后者可以指整个视像性（iconicity）领域。美国芝加哥大学教授 W. J. T. 米歇尔在其早期著作《谱像学》（*Icomlogy*）第一章《何为像?》（*What is an Image?*）中详细讨论了两者的区别。在中文中，picture 一般译为“图像”，image 译为“形象”，figure 译为“喻形”，icon 译为“图示”或“谱象”，[1] iconology 译为“图像学”，这个词还有肖像学、塑像学、圣像学的意义，在艺术上指“象征手法”。英文中还有个同类词 iconography，词义为说明某一主题的图像材料、某一主题的图像记录，同时有图示法、图像说明、象征手法的意义，有时又指画像（或塑像）研究、肖像研究。目前这两个词中文译法没有统一。按其意义，前者可译为图像学，后者可译为图像志。

从这个意义上使用汉画像的概念，不仅包含有各种汉画像的图像的内涵，而且有这种图像怎样呈现、怎样被制造出、怎样被观看的意义，进而把汉画像的研究推向深入，由纯粹的金石学、考古学的研究，推向文化学、美学的研究。其中，视觉文化的图像学研究又是其核心。武氏祠伏羲女娲交尾图见图 1-1。

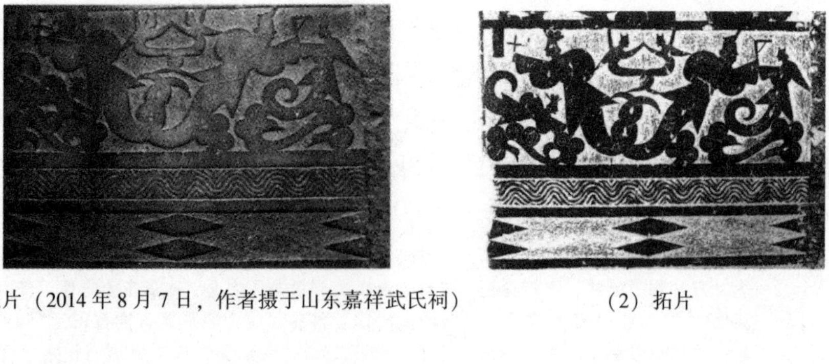

（1）照片（2014 年 8 月 7 日，作者摄于山东嘉祥武氏祠）　　（2）拓片

[1] 引自［美］W. J. T. 米歇尔著，范静哗译：《图像的转向》，载《文化研究》第 3 辑，天津社会科学院出版社 2002 年版，第 35 页。

（3）刻版印刷（引自冯云鹏、冯云料《石索》第四卷，道光元年四月朔日镂版于峻阳署斋，1821 年版，第 12–13 页）

图 1–1　武氏祠伏羲女蜗交尾图（照片、拓片与刻版印刷的不同）

四川出土汉画像见图 1–2。

（1）砖　　　　（2）拓片

图 1–2　四川出土汉画像砖及其拓片

（引自《中国美术全集–绘画编 18–画像石画像砖》，上海美术出版社 1988 年版，原图 209）

第二节　汉画像与美学研究

在汉代留下的著作中，就保存着对汉画像的记录。今征诸史册得知，汉武帝创置秘阁，搜集天下书画，在甘泉宫中，画天地太一诸鬼神；明光殿画古烈士之像。宣帝甘露三年，画功臣于麒麟阁，鲁灵光殿图写天地品类、群生杂物、奇怪神灵等。元帝时，有毛延寿等画工辈出，此为后世画院之滥觞。东汉明帝好文雅，爱丹青，别设画官，画中兴功臣二十八将于云台。西汉以来，楼台中多陈古圣贤像。光武帝与马皇后尝观览之，指娥皇女英之图，顾谓后曰：“恨不得妃如此者。”及观尧帝之像，后指之曰：“陛下百僚之臣，恨少是如此者。”帝顾而笑。灵帝光和元年，画孔子及七十二门人于鸿都门。献帝时，成都学画盘古三皇五帝三代之名臣及孔子七十二弟子像。其他郡府厅事壁间、郡尉之府舍，皆施雕饰山海神灵奇禽异兽，极其炫耀。

汉代画像有保存到现在的，如山东肥城孝堂山祠、嘉祥武梁祠、河南嵩山三阙之画像石刻，所刻画有神灵、仙界、帝王、圣贤、孝子、烈士、战争、庖厨、鱼龙、杂戏等。

过去，对汉画像的研究首先在金石学中进行。保存在地面上的汉画像遗物引起了金石学家的注意，他们在著录一些碑文雕刻时注意到汉画像。由于金石学重文字而轻图像，故他们的著录多重题铭而轻画像。19 世纪后半叶，随着清代考据学的发展，金石学中对汉画像的研究和考证才有了新的面貌。古物学已逐渐发展为考古学，加上西学东渐，文化相互影响，考古学便在中国渐渐发达。考古学是要搞田野调查的，对汉代画像的研究是建立在考古学对汉代的墓穴、祠堂、棺椁、壁画、帛画、砖刻、铜镜、瓦当等考古发掘材料的基础之上的。汉画像的发掘、著录、收藏和图像的出版，为进一步深入研究汉画像积累了丰富的材料。考古学的发掘使我们看到许多掩埋在地下的实物，科学的发掘手段使我们了解到那个时代的汉画像的现实。不过考古学的报告多是一种实证材料，缺乏更宏观的解释，于是从文化学上研究汉画像便应运而生。文化学的研究建立在大量考古材料基础上，是根据文化学的理论，对汉画像内容进行的有关文化内容的探讨，不仅要研究汉画像的实证材料，如有哪些汉画像，这些汉画像画了些什么？而且要研究汉画像为什么这样表现，从而探讨汉画像的文化功能和文化意义。文化学的研究需要比较熟悉当时的政治、经济、思想、信仰、民俗等，同时要熟悉文化学的理论和研究方法。由于文化学在中国还不发达，迄今很难说已经形成了自己的理论体系，所以研究还有待提高。汉画像在国外逐渐产生影响，到 20 世纪后半期，汉画像的文化研究在西方汉学中受到重视。在日本和西方的汉学研究中，都有不少从文化学的角度研究汉画像的学术成果。这些研究开拓了我们的视野，丰富了我们的知识，同时对我们也是一种鞭策。由于汉画像首先是一种艺术形式，在美术学和艺术学中受到重视和研究是很恰当的。艺术学对汉画像的研究主要是从艺术史的高度，阐发它在中国艺术史上的地位，分析它的艺术特征。在艺术学的研究中，有的进行艺术创作的研究，探讨汉画像的制作过程；有的进行雕刻技法的分类研究，分析其构图方式、透视技巧、图像配置；还有的则研究汉画像的艺术风格。总之，从汉画像产生和研究的历史看，汉画像逐渐受到研究者的重视，经历了从个人兴趣的零星著录，到科学考古的发掘，再到审美文化的艺术分析的过程。几百年来，汉画像研究走的便是这样一条道路。这种研究已经取得了许多重要的成果，但又是极其不够的。金石学的研究仅停留在著录、考订层面，故视野较狭窄，看不到汉画像的整体面貌；考古学的研究，重实证的考据，但对其意义的理解往往是遮蔽的，汉画像除了它的实物层面以外，还应有一个意义的层面，这是田野考古学很难解决的。虽然像福柯这样的思想家提倡一种“知识的考古学”❶，但能运用这种方法进行汉画像人文科学考古的则鲜见。文化学的研究，重视的是从政治、经济、信仰等方面进行研究，基本上是对汉画像外因的探讨。艺术学的研究虽然分析了其艺术的特征，但多是从艺术的技术层面出发，还没有深入汉代的审美精神、审美观念上进行研究。因此，汉画像的研究，无论从观念上，还是从方法上，都应有所提高。

基于对汉画像研究的历史与现状的认识，我们的研究将在其基础上作进一步的发展。我们给自己确定的任务是对汉画像进行美学的探讨。这种探讨不再是一种著录式的。著录的终结处，正是我们的出发点。这种研究也不是从单幅的图像入手，而是在汉画像的总体图式与意象中去探讨审美世界。因此，我们重视的不是图像所表现的技巧性，而是图像的审美观念。尽管汉画像中有许多方面表现的是现实的图像，虽然也可以从模仿说上加以界定，但这种认识是极其有限的；尽管汉画像中有许多方面表现的是想象的图像，也有人从表现论加以分析，我们同样认为这是不全面的；还有人把汉画像归为现实主义和浪漫主义的结合❷，这同样是失之偏颇。我们认为，汉画像在一定程度上是一种象征型的艺术，它表现出的审美特征是一种象征主义的，进一步说，是一种宇宙的象征主义。不仅图像本身，从整体上分析也是宇宙的象征，而且包括墓穴、祠堂、石棺、石阙的形制和图像。只有站在宇宙象征主义的视角，才能得到合理的解释，如果离开了整体性，就会失去对汉画像艺术审美意义的真正理解。图 1-3 为山东微山县藏汉画像石。

图 1-3　山东微山县藏汉画像石

---

❶ ［法］米歇尔·福柯著，谢强、马月译：《知识考古学》，生活·读书·新知三联书店 1998 年版。

❷ 李发林：《山东汉画像石研究》，齐鲁书社 1982 年版，第 52 页；李发林：《汉画石考释和研究》，中国文联出版社 2000 年版，第 119 页。

黑格尔在《美学》中，把人类最早的艺术类型看成象征型的，并认为这是东方艺术的特征。❶ 黑格尔是从“欧洲中心主义”观出发的，对东方艺术充满误解，但他也指出了象征的本质。中国的汉画像是符合黑格尔象征型艺术的规定的，但黑格尔仅把象征型艺术看成人类最早的一种艺术类型，并认为这种艺术类型随着历史的发展将终结则是错误的。伽达默尔认为黑格尔美学的目的就是为了阐明艺术的终结。但是我们看到，艺术只有转型，没有终结。19 世纪象征主义文学艺术的大肆盛行，已证明黑格尔的错误。卡西尔建立的象征形式主义哲学认为：人是一个符号的动物，靠符号表达一个意义，世界才是决定人本质的东西，他抛弃了黑格尔，走的是新康德主义的道路。❷ 文化人类学的发展已经走向一种“象征的人类学”，格尔兹在《文化的解释》中，认为文化的定义就包含有符号、象征的内容：

文化是一种通过符号在历史上代代相传的意义模式，他将传承的观念表现于象征形式之中，通过文化的符号体系，人得以相互沟通、绵延传续，并发展出对人生的知识及对生命的态度。❸ 图 1-4 为南阳师范学院藏汉画像石。

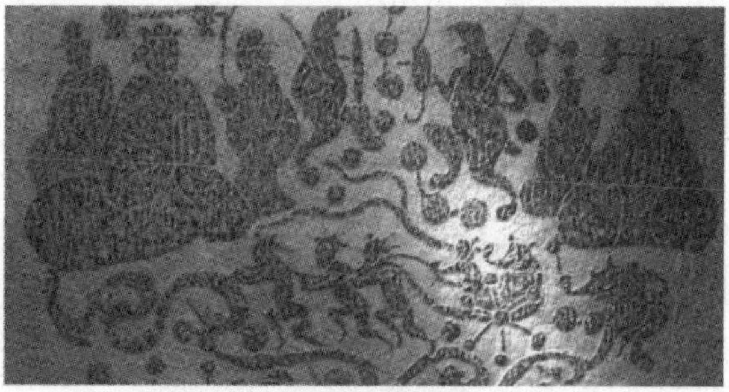

图 1-4　南阳师范学院藏汉画像石

格尔兹把文化看成一个象征的宗教体系，通过符号承载意义，并在历史中代代相传，以此展示在社会中的人对生活和命运的看法，激励并保障人们的生命延续。

从符号象征论的论点看汉画像，汉画像表现的是汉民族初期文化精神的“镜像”阶段，也就是汉民族内在生命本质的图像呈现。汉民族正是通过汉画像的镜像来获得民族内在生命的驱动力。汉画像是一种装饰的艺术，表现的却是一种生命意识的幻象。人只能生活在一个现实的世界，人不可能生活

❶ ［德］黑格尔著，朱光潜译：《美学》第二卷，商务印书馆 1981 年版，第 9 页。

❷ ［德］恩斯特·卡西尔著，甘阳译：《人论》，上海译文出版社 1985 年版，第 9 页。

❸ Clifford Geertz, *The Interpretation of Cultures*, 1973, Basic Books, p. 89.

在一个死后的世界，却可以幻想一个死后的世界；人只能生活在大地上，不可能升入天界，但人可以幻想羽化成仙，不死的幻想只是人对现实生活的眷恋。成仙只是人恐惧死亡的一种自我安慰。人在宇宙中的地位是汉代人的世界观的核心，天界、仙界、人界和鬼界，才是汉代人的整个宇宙。这一切都靠图像、装饰和各种符号加以审美的象征表现。美国著名人类学家罗伯特·F. 墨菲说：

文化是知识和工具的聚集体，我们以这些知识和工具适应于自然环境；文化是一套规则，我们凭这些规则相互联系；文化是知识、信念、准则的宝库，我们据此力图理解宇宙及人类在宇宙中的位置。……在一个没有天生、绝对的意义的世界上，文化使宇宙及人类在宇宙中的位置得以理解、使社会互动成为可能。❶

天人关系是汉代审美意识的核心问题。司马迁自叙其写作《史记》是为了“究天人之际，通古今之变，成一家之言”，极为典型地传达了汉代思想家关注的重点问题。天人合一、天人相感、天人相类、天人互馈等理论在汉代流行就是这一中心问题的体现。《黄帝内经·素问》曰：“善言天者，必应于人；善言古者，必验于人。”《汉书·董仲舒传》说：“天人之征，古今之道也。”《易传》将天人合一视为最高的人生理想：“夫大人者，与天地合其德，与日月合其明，与四时合其序，与鬼神合其吉凶，先天而天弗违，后天而奉天时。”这就是理想中的君子，就是审美的理想。汉画像则是这种审美意识形态的图像表现。不了解这一点，就不能真正理解汉画像的审美世界。

我们的研究将设定一些目的。首先，我们将通过汉画像探讨汉代的审美文化。汉民族的文化以其独特的性质成为世界文化生态中一种长存不衰的典型，而构成这种文化的本质究竟是什么呢？其次，我们将通过研究视觉图像探讨汉民族的心理镜像，即通过外在镜子成像的汉画像呈现的图像，反映了汉民族早期的民族心理，在汉文化的形成期，此镜像构成对中国古典美学的深远影响。❷ 由此再进一步，将挖掘民族集体无意识的原型。原型是与荣格的分析心理学和弗莱创立的神话原型批评相关联的一个概念，指汉民族经历的巫术、神话阶段的思维模式、原始意象、原始母题在民族中的隐性存在，属于民族的集体无意识领域，从而指出中国美学潜在的思维结构。而这

❶ Robert F. Murphy, Cultural and Social Anthropology: An Overture, New Jersey: Prentice Hall, 1986, p. 24-25.

❷ “镜像”一词，借用法国思想家拉康的理论。当幼儿发现镜子中的自己的形象只是一个虚像时，便开始了自我确认的心理历程，这是一个象征，人的自我确定是建立在一个虚像上，也就是说人文知识的根源是一个幻象。

一切，都离不开象征符号的美学阐释。象征不仅是一种艺术表现的手法，更是一种修辞学中的技巧，象征是人类用物体表现意义，用具象表现抽象，用图像表现生命的审美思维方式。图 1-5、图 1-6 分别为汉画像中的翼龙和翼虎。

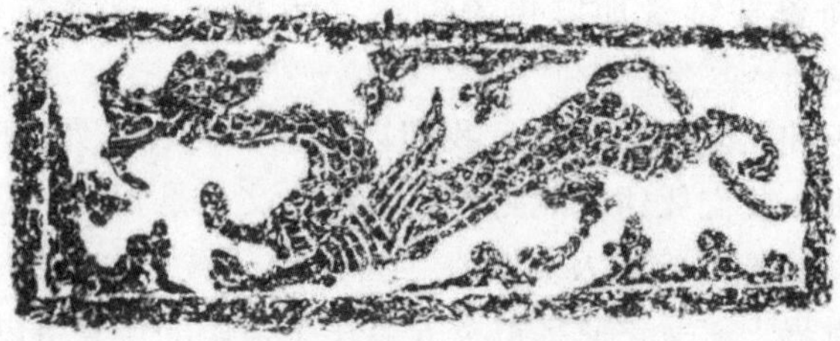

图 1-5　汉画像中的翼龙

图 1-6　汉画像中的翼虎

第二章　汉画像产生的时代背景

汉代是我国历史上最辉煌的时代之一，也是一个非常特殊的时代。从思想背景来看，先秦“百家争鸣”的思想在汉代得以定型，并经过重新整合，形成了统一的理论思潮。就艺术而言，它继承了先秦的遗产，又发扬了楚文化的浪漫精神，汉画像艺术正是在这种背景下产生的。从产生、发展、繁荣到消亡，汉画像艺术贯穿了整个两汉时期，这都与它当时的时代背景息息相关。

汉画像艺术在全国范围分布很广，但在各地区出现的时间不同，繁荣的程度、艺术风格均有所不同。就汉画像石而言，在西汉很少有发现，到西汉中期开始出现和流行，至东汉流传与延续的时间最长。汉画像艺术的分布与当时这些地区的经济、文化、政治及墓葬习俗有直接的关系，如在当时经济发展较好的地区或时期，因为其他条件如厚葬习俗的不同或政治原因而导致汉画像艺术并不繁荣，或者说汉画像艺术的类别有不同的发展。在西汉早期，经济处于恢复阶段，这时期的艺术在宫殿壁画、帛画、铜镜、漆器及一些生活日用品等方面工艺较发达，这时期又时兴薄葬，所以汉画像石艺术很少出现。而在西汉晚期，开始流行厚葬习俗，谶纬迷信思想开始兴盛，汉画像石艺术就开始流行起来。在东汉末，当中原群雄蜂起，战乱相继，经济、文化急剧衰退时，四川地区却基本没受到任何影响，经济、文化仍然有序地发展，所以汉画像艺术在其他地区衰落的时候，在该地区却一直在发展并延续到三国蜀汉时期。

下面就分析经济、文化、政治等方面对汉画像艺术的影响。

第一节　经济背景

西汉王朝建立后，统治者总结了秦朝灭亡的历史教训，面对当时战后社会动荡经济凋敝的局面，不得不采取“无为而治”的统治政策，以缓解社会矛盾和稳定社会秩序，并出台了“重农抑商”的经济政策，使经济得以恢复。文帝、景帝时期，在重农的基础上又颁布了“贵粟”“惠商”政策，使得“富商大贾周游天下，交易之物莫不通，得其所欲”❶。此外，还实行了“轻徭薄赋”的利民政策，使得自西汉建国到武帝以前的七八十年的社会经济得以恢复，综合国力得以提高，并出现了“文景之治”的繁荣局面。据《史记·平准书》记载：“汉兴七十余年之间，国家无事，非遇水旱之灾，民则人给家足，都鄙禀庾皆满，而府库余货财。京师之钱累巨万，贯朽而不可校。太仓之粟陈陈相因，充溢露积于外，至腐败不可食。众庶街巷有马，阡陌之间成群，而乘字牝者傧而不得聚会。”比之西汉立国时的“自天子不能具醇驷，而将相或乘牛车，齐民无盖藏”的情况，已经有了天翻地覆的变化。这种变化可以从长沙马王堆1号汉墓出土物得以见证：“丝织品计110多件，且样式繁多；漆器180多件，且造型精美，色彩鲜艳；木俑162件；陶器50件；粮食有稻、麦、黍、麻籽和菜籽等多种；还有大量的铜镜、水果、织帛、竹器等。”❷在徐州狮子山西汉楚王陵墓和商丘永城保安山1号梁孝王墓寝园出土了大量的农用铁具，如铁凿、铁锹、锄、斧、锯、刀、镰等，从中可以看出西汉早期农业和手工业的恢复情况。从这些情况看，通过开国之初刘邦对经济政策的调整及后来的“文景之治”使西汉初期的经济得到恢复并有了很大的发展。

西汉到了中后期国力强盛。《盐铁论·水旱篇》称农业为“天下之大业”。西汉中后期一直重视农业，当时农业生产的发展主要表现在牛耕更加普遍、铁制农具进一步推广、水利工程大量兴建和耕作技术有了显著提高等方面。西汉初，为了解决人力耕作，统治者下令禁止宰杀牛马，规定杀牛、盗牛者将受到重刑。汉武帝时出现了“众庶街巷有马，阡陌之间成群”的景象，昭帝时屯田犁地皆用牛了。

西汉中期，铁制农具不仅在中原一带而且在边远地区也开始广泛使用。铁制农具的使用也为兴修水利提供了有利条件，如在河北满城汉墓中出土了长、宽达40厘米的巨型铁铧。当时汉武帝时期先后兴建了漕渠、龙首渠、六辅渠和白渠等，其中白渠长约100千米，灌溉农田4500公顷。班固《西都赋》云：“郑白之沃，衣食之源。”

在手工业和商贸方面，西汉中后期政府开始不断扩大官营工商业的规模，抑制私营工商业的发展，同时打击富商大贾的势力。这时期的官营工商业开始占据社会经济结构的主导地位。武帝元封元年开始在全国各地设置均输官、平准官、盐官、铁官等机构。这些机构的设置有效地增加了政府的收

❶ 出自《史记·货殖列传》。

❷ 《长沙马王堆1号汉墓发掘简报》，文物出版社1972年版。

入，也通过垄断的方式抑制了私营工商业的持续发展。手工业方面，西汉中后期也陆续在全国设置名目繁多的工官体系，如考工署、东园署几工官、服官、漆官等。这些官营手工业机构统一生产的物品一般由官方直接分配或消费，而不再需要通过市场进入流通领域，这也大大地限制了民间商品交换的规模和水平。

西汉中后期是一段黄金时期，国家强盛，人民安居乐业。尽管这时期由于统治者采取向外扩张的政策，战争消耗了国家大量的财富，这也使得当时的人民过着自信、富裕、安定的生活。这时期经济的繁荣也为汉画像石艺术的发展和繁荣提供了物质基础。

西汉晚期的社会经济在中期的基础上有了进一步的发展，尤其在冶铁、水利和农业技术等方面都达到了较高的水平，但这时期的统治阶级日益腐朽，阶级矛盾也开始进一步激化。皇亲国戚、豪强地主依仗政治上的特权和经济上的优势，疯狂兼并土地，从而加速了农民的破产。农民离开了土地，使农村的经济陷于崩溃的境地。据《汉书·食货志》记载:“元帝即位，天下大水关东郡十一尤甚。二年，齐地饥谷石三百余，民多饿死。琅邪郡人相食。”然而，汉元帝只知打猎取乐。成帝更是荒淫无道，他一向不问政事，常带私奴斗鸡走马，无恶不作。他把大权交给外戚大臣，而大臣、亲属则伺机强取豪夺，过着奢侈淫欲的生活，如成帝时丞相张禹侵占关中田园400顷；哀帝一次赏赐宠臣董贤土地2000顷，致使大批农民破产。当时的社会情况如《汉书·龚胜传》所说：“百姓贫，盗贼多，吏不良……刑罚太深，赋敛太重。”人民忍无可忍，纷纷起义反抗，以致江山也改了姓。

王莽代汉后，为了缓和矛盾、稳定社会秩序和恢复经济发展，下令改制。如实行“王田”“私属”制，推行“五均赊贷”和“六法”，改革货币等。然而，他的改制内容不仅触动了地主阶级的既得利益，人民也未能从改革中获得好处，反而加剧了人民的负担，并激化了地主阶级与农民阶级更大的矛盾，最终导致绿林、赤眉农民起义。随着王莽新朝的灭亡，当时的经济发展也遭到很大的破坏。据《汉书·王莽传》记载：当时是“农商失业，食货俱废，民人至涕泣立于市道”。

西汉末年尽管经济出现危机，但由于一些地主豪强倚仗政治和经济特权大量兼并土地，社会上出现了一批暴发户，包括工商兼营的盐铁大商人及从事商品生产的手工业大户、经营田畜买卖的大富豪和专门从事商品买卖的行商坐贾等，正是这些富豪推动了汉画像艺术，特别是汉画像石艺术的发展。

东汉刘秀建国后为了恢复国家经济，采取了一系列有助于提高生产力的措施，如实施军事屯田；释放官、私奴婢；减轻徭役；“度田”政策的实施与废止；重用贤吏，发展各地生产；节省财政开支等。这些措施使得东汉初的农业、水利、手工业、商业都得到了前所未有的恢复和发展，如在农业方面，牛耕更加普遍，耕作技术更高，出现了大、中、小不同型号的铁犁，这些犁的共同特点是犁的锋部的度缩小，刃部加宽且有犁臂，这种犁便于深耕，形式与旧中国使用的铁犁很相近，省力又坚固耐用。明帝时已是“天下安平，人无徭役，岁比登稔，百姓殷富，粟角斗三十，牛马被野”❶。这时期，水利方面也取得了一系列重要成果。据《后汉书·王景传》记载：“景乃商度地势，凿山阜，破砥碛，直截沟涧，防遏冲要，疏决壅积，十里立一水门，令更相回注，无复遗漏之患。”手工业及其他方面也都有新的发展。

经过东汉初期经济的恢复与发展，到东汉中期，国力又开始强盛。这时期的厚葬之风也开始兴盛，汉画像石艺术真正开始成熟并繁荣。

东汉中期，社会的经济模式发生了明显的变革，原来盛行一时的官营工商业开始萎缩，强大的豪强地主集团不顾国家的禁令，往往私设工场，自造铁器。政府也不得不作出让步，宣布盐铁开禁，至此，冶铁业和盐业等逐渐被控制在各地豪强地主的手中。1930 年在山东滕县出土的属于东汉中期的绘有冶铁场面的画像石，图中有 12 个工匠正在工场中操作，4 人用皮囊为炼炉鼓风，其余的人持锤锻制器物，这不是官方管理的大工场而应该是私人的作坊，被描绘在私人墓中，说明当时的冶铁业已转入私人手中。还有江苏铜山洪楼汉画像石墓出土的庄园纺织图，也重现了家庭作坊分工协作的真实情景。这一经济改革刺激了当时的经济发展，而这一变革的结果是豪强地主势力的膨胀。《后汉书·仲长统传》记载：当时“豪人之室，连栋数百，膏田满野；奴婢千群，徒附万计。船车贾贩，周于四方；废居积贮，满于都城；琦赂宝货，巨室不能容。马牛羊豕，山谷不能受”。豪强地主势力的无休止膨胀，导致出现了另外一种经济模式——庄园经济，见图 2-1。

图 2-1　庄园纺织图

❶《后汉书·明帝纪》。

大土地所有者在西汉就存在，不过他们和当时的大商人、大手工业者一样，只是单纯的富人而已。西汉末年，大商人、大官僚通过购买或者兼并的方式占有土地，成为新的土地占有形式。到东汉，在豪强势力的支持下登上皇帝宝座的东汉新兴政权，为了江山的稳固不得不与豪强大族相妥协。通过东汉早期经济的恢复到东汉中期，大庄园的规模和数量都迅速膨胀，如外戚马氏家族的田庄就有相当的规模。《后汉书·马援列传》载："马援居于洛阳时，以三辅地旷土沃，而所将宾客猥多，乃上书求屯田上林苑中，帝许之。其子马防、马廖兄弟贵盛，奴婢各千人以上，资产巨亿，皆买京师膏腴美田，又大起第观，连阁临道，弥亘街路，多聚声乐，曲度比诸郊庙。宾客奔凑，四方毕至，京兆杜笃之徒数百人，常为食客，居门下。吏史、守、令多出其家。岁时赈给乡间，故人莫不周恰。"不仅京都内的皇亲贵戚如此，地方上同样也有大庄园。如《后汉书·郑孔荀列传》记载："郑太字公业，河南开封人，司农众之曾孙也。少有才略。灵帝末，知天下将乱，阴交结豪杰。家富于财，有田四百顷，而食客不足，名闻山东。"由此可见一斑。这种田园经济在当时的国民经济中占有相当重要的地位。

在当时，一个庄园就是一个社会的缩影。这种经济模式培养了专门的管理人员，包括士人、画工、匠人等，这都为汉画像艺术的发展提供了资金、工艺匠人及管理人员的保证。庄园主一般很早就为自己准备墓穴，因为那时的石质墓穴不是一朝一夕能建成的，要许多年才能完成，有的因为开工较晚到庄园主去世尚未完工，如徐州市附近的白集汉墓中，就有几块石头上的装饰纹样没有完成。一个墓室的完成需要大量的资金和工匠，所以在当时也只有庄园主才能满足这样的条件。庄园经济的发展为当时汉画像艺术的发展做出了很大贡献。图2-2为汉代豪门的房屋庭院。

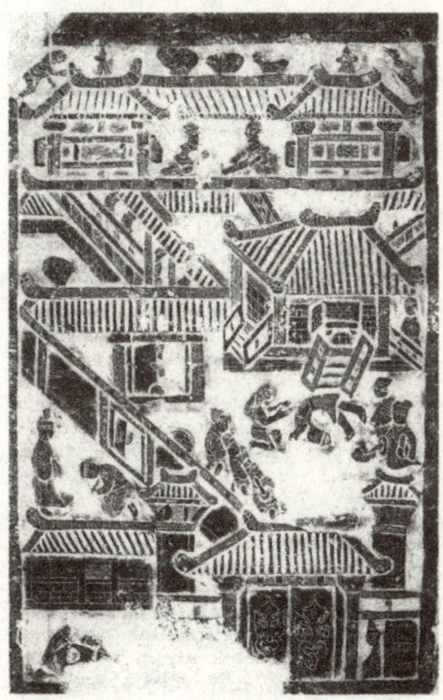

图2-2　汉代豪门的房屋庭院

东汉晚期，随着庄园经济的发展，农业器械更加完善和功能化。新型的全铁制农具逐渐增多，在很多描写表现生产场面的汉画像石艺术中就有许多农具使用的画面，很多地方也出土了技术含量更高的农具，如在四川乐山画像崖墓中发现的曲柄锄，在四川绵阳和牧马山崖墓中发现的铁制钩镰等，山东藤县黄家岭出土的汉画像石中有三个农夫手执柄锄在锄草的画面，还有山西离石马茂庄出土的汉画像石中描绘的车马出行狩猎图，场面宏大，追逐激烈，表现了当时的庄园经济生活。在当时，政府对农田水利也很重视，《后汉书·灵帝纪》载："熹平四年（175）遣守宫令人盐监，穿渠为民兴利。"东汉晚期的手工业也有一定的发展，如煮盐、酿酒、漆器、纺织等，特别是纺织业更是发达。在山东嘉祥武氏祠、滕县宏道院、龙阳店，江苏徐州铜山洪楼，四川成都曾家包等地出土的汉画像石中都有表现纺织的情景。

东汉晚期的庄园经济的持续发展为当时的厚葬习俗提供了可能，同时也为汉画像艺术提供了创作题材。正是这一时期，汉画像特别是汉画像石艺术达到了空前的繁荣，如久负盛名的山东嘉祥武氏祠、宋山画像石祠、江苏铜山白集画像石祠、南阳中原机校、桐柏安棚、方城党庄画像石墓、四川成都羊子山 1 号墓，曾家包 1 号、2 号墓等都出现在东汉晚期。就目前发现的汉画像石来看，东汉晚期的汉画像石墓葬无论是数量上还是质量上都是空前绝后的。

东汉晚期的经济虽有一定的发展，但土地和手工业生产部门基本掌握在封建国家和地主阶级手中，生产目的主要是为统治阶级的奢侈淫靡生活服务的。同时，技术及信息的交流也被抑制。地主对土地兼并的加剧，使流民遍布天下。再加上汉桓帝的腐朽统治，使得阶级矛盾更加尖锐，社会动荡不安。到东汉末年，农业、手工业等生产已是前所未有的萧条，到了"地广而不得耕，民众而无所食"的地步，汉王朝最终消亡。

第二节　文化背景

汉王朝历经四百余年的发展，以雄张的国力、恢宏的气势占据了我国历史辉煌的一页。汉代延续了秦楚文化而又使之发生了巨变，奠定了中国传统文化的基础。

汉代大一统文化的形成，一方面是先秦地域文化的综合，包括邹鲁、荆楚、燕齐、秦晋、巴蜀、吴越文化及西域文化的引入等；而究其大势，是南北文化的融通。另一方面是对先秦产生于地域文化的学派文化的兼收并蓄，如司马谈所论"六家"（道、儒、墨、法、名、阴阳），董仲舒以尊儒为主兼取众家之思想体系的形成为表征，主流又是儒道思想的汇通。在这种文化机制中，儒家思想与道家思想的互补，决定了以"教化"为中心的儒家审美和以"自然"为旨归的道家审美成为通贯汉代文化的两大思潮。

汉画像之美与汉代大文化背景下的特征是一致的。汉画像艺术正是对汉代文化思想的形象表现。有人认为汉画像艺术是战国南楚文化的延伸，故有“楚汉浪漫主义”一说。李泽厚先生认为：“汉文化就是楚文化，楚汉不可分。尽管在政治、经济、法律等制度方面，汉承秦制……但是在意识形态的某些方面，又特别是在文学艺术领域，汉却依然保持了南楚故地的乡土本色。汉起于楚，刘邦、项羽的基本队伍和核心成员大都来自楚国地区，‘四面皆楚歌，’刘邦衣锦还乡唱《大风歌》，西汉宫廷中始终是楚声为主导都说明这一点。楚汉文化一脉相承，在内容和形式上有明显的继承性和连续性，而不同于先秦北国。楚汉浪漫主义是继先秦理性精神之后，并与它相辅相成的中国古代又一伟大艺术传统。它是主宰两汉艺术的美学思潮。”❶

不过，过分强调汉文化对楚文化的继承方面，则会妨碍人们对于汉文化本身的准确定位。站在历史的角度，当我们全面审视汉代文化在这一历史巨变时期的总体发展趋势时，就会发现楚地的巫术风气和浪漫气息固然深刻地影响了汉代人的审美选择，但随着两汉政治环境、经济条件、心理结构的改变，汉代人的文化思想实际上已经不完全是一种文化的延伸和扩大，而是展现出全新的气质风貌。

当然，汉代统治的400多年间，文化的成熟并非是一朝形成的，而是汉代整个族类的文化结晶。随着历史的发展，从西汉初到东汉末，文化在各个阶级都有不同的特征。汉初黄老之学影响较大，汉武帝以后，儒家文化成为主流，西汉后期谶纬之风流行，这些不同时期的思想观念对汉画像产生了不同的影响。

1. 汉初的黄老之学对汉画像的影响

刘邦在建国后，面对社会动荡、经济凋敝的局面，不得不采取在黄老思想指导下的“无为而治”的统治政策。“黄老之学”实际是道家学说中的两派：“黄”指“黄帝之学”，“老”指老子的学说。黄老学派形成于战国中期齐国的稷下学宫，主张要以黄老刑名思想为社会政治服务，并以黄帝时代为背景，构造理想中的统一形势之图景。黄老之学原是两种学本的汇合，当然也有不同之处。黄帝之学不仅讲道，而且讲法，它们能够汇合主要是因为二者共有道法自然的宇宙观、养生保真的人生观和“柔能制刚，弱能制强”“无为而无不为”的政治思想，这也是这一学术思想在汉初兴盛的社会文化之内在机缘。

秦政苛暴所以衰亡，面对秦汉之际行政松弛，亟须一种既强化法制又以德安民的统一和平的文化思想，黄老之学以内严外宽的优势取得了这一地位。

❶ 李泽厚：《美学三书——美的历程》，天津社会科学院出版社2003年版，第64页。

从秦汉之际到汉武帝朝，治黄老之学大家有毛公、盖公、曹参、黄生、司马谈等20余人，学术思想遍及朝野。高祖时，陈平“本好黄帝、老子之术”（《史记·陈丞相世家》）。黄老大盛，又是齐相曹参倡导所致。据《史记·曹相国世家》载：曹参为齐相，拜“善治黄老言”的胶西盖公为师，取“盖公为言治道贵清净而民自定”为施政纲领，使齐大治。后曹参为丞相，确立了黄老思想在汉初的指导地位。汉初思想家陆贾、贾谊、韩婴、刘安等皆受黄老之学的影响，如陆贾《新语》是一部以倡导儒家仁义德治思想为主的著作，而书中言“道”，则持“君子握道而治，依德而行……虚无寂寞，通动无量”（《道基》）。“夫道莫大于无为”（《无为》）的无为观与黄老一致。贾谊思想有儒道互存倾向，但对天道、人道的理解更偏重于黄老之学。他认为：“道者，无形，平和而神。”（《新书·道德说》）又云：“道者所以接物也，其本者谓之虚，其末者谓之术。虚者，言其精微也，平素而无设施也；术也者，所以从制物也，动静之数也。凡此皆道也。”（《新书·道术》）这些显然是黄老刑名思想的映示。韩婴素来被认为是汉初大儒，而他在《韩诗外传》中却将儒家思想与黄老道家之“道德”“逍遥”观叠合起来。司马谈更是在《论六家要旨》之中批评了阴阳、儒、墨、法、名五家之弊端，认为“道家使人精神专一、动合无形、澹足万物。其为术也，因阴阳之大顺，采儒墨之善，撮明法之要，与时迁徙，应物变化，立俗施事，无所不宜”，这样便使黄老之学俯仰于天地之间，超升于诸学之上。汉初最具美学分量的《淮南子》，也倾向于在道家自然、质朴之美中表现出汉初积极入世的文化思想。虽然后来儒家思想在汉武帝时期成为正统，但道家思想一直影响着汉代文化。汉初的黄老之学对汉画像艺术的影响值得很好的研究。汉初虽然汉画像还未出现，但是黄老之学已经为汉画像的出现奠定了思想文化的基础。汉画像之美表现的道家审美观念，就是这种思想文化的延续。

2. 鼎盛时期的经学文化对汉画像的影响

公元前140年，汉武帝刘彻即位，继“文景之治”以后，在政治上进一步削夺诸侯王的权力，巩固了封建中央集权，在经济上实施了盐铁官营、平准、均输等政策，壮大了国家经济实力；在此基础上，又取得了三次大规模的反击北方匈奴侵扰和开拓西南疆域的胜利，进一步促进了国家统一，使汉王朝进入了一个空前强盛的时期。此时，标榜“无为而治”的黄老之学显然已不适合形势发展的需要了。董仲舒上《天人三策》，废刑名、兴太学、罢黜百家、独尊儒术，开启了汉代文化的新篇章。“天人合一”思想的形成，就是当时大文化态势的展露。董仲舒提出的发扬儒家文化并以此建立新的经学体系适应了当时的时代要求和统治阶级的政治要求。

首先，把以儒家为代表的著作尊崇为“五经”，并设经学博士加以弘扬。儒家文化适应封建大一统的政治局面形成，提出了封建统治者应当积极“有为”全面“更化”，反对放任“无为”，主张强化和统一法度。

其次，儒家文化突出地强调了思想统一的重要性。针对当时“儒道互黜”，统治者坚决主张“罢黜百家，独尊儒术”，实际上是在思想战线上继承孔子的“君君、臣臣、父父、子子”的正名学说，又吸取韩非“臣事君，子事父，妻事夫，三者顺则天下治，三者逆则天下乱”的三纲思想，实现了儒法合流，提出了德刑并用而以德教为主的统治方针，主张充分发挥“礼乐教化”的作用，以“三纲五常”等封建宗法道德规范来建立法度、化民成俗。

再次，为适应汉武帝为扩张皇权而积极恢复和重建天上神权的需要，他继承和发展了先秦儒、墨显学宣扬的“天命”思想，并与秦汉方士神秘化了的阴阳五行学说相结合，又充分利用当时天文、历数、物候等自然科学，运用春秋公羊学的类比方法加以主观歪曲，构造出一套以天人感应目的论为中心的文化体系。

最后，“天人理论”是董仲舒儒学理论的轴心，在这一理论中，“天”是宇宙最高主宰，“存神之大君也二”（《春秋繁露·郊语》）。这时的“天”已不完全与先秦墨家的仅是人格神的“天”相同，而是天、地、人、阴阳、五行（金、木、水、火、土）十大因素之一，通过五行次序与人间的政治伦常、社会制度相配合。董仲舒把君主的权利、社会的统治秩序与以“天”为中心的宇宙系统相配合。一方面皇帝是“天”的代表，高居万民之上，另一方面又受着系统的制约；一方面用此理论树立皇帝的绝对权威，另一方面又反对君主滥施权威，否则就要受到惩罚，如“为政而任刑，谓之逆天，非王道也”（《春秋繁露·王道通三》）。若逆天，自然界就会出现灾异，统治也会出现危机。这就给董仲舒及其信徒们用自然界中某些现象如日食、地震、水灾、大旱等作为天对人君的警告提出政见准备了理论基础。董仲舒的这一儒学文化的新体系在意识形态和科学文化两个方面比之以前如《吕氏春秋》《淮南鸿烈》等还是有很大的进步，并为魏晋本体论和宋明心性论作了理论上的准备[1]，因此，它成为中国古代文化思想发展史上的重要里程碑。

3. 谶纬思想对汉画像的影响

“谶”，是一种用隐秘的语言“预决吉凶”的宗教迷信。汉以前，在燕齐一带方士中就造有“谶语”假托神的启示，预告政治事变，如在秦朝就有“亡秦者，胡也”的谶语，引起秦始皇大举北伐匈奴。后来，秦果然亡于二

[1] 李泽厚：《秦汉思想简议》，载《中国社会科学》1984年第2期。

世胡亥之手。“纬”是对“经”而言，是儒生们根据统治阶级的意志，用天人感应、阴阳灾异的学说对儒家经典进行穿凿附会演绎而成的神秘说教。

谶纬迷信早就有。在西汉政局稳定时期，谶纬之说很少，但到西汉末年，随着社会矛盾的日益尖锐和统治集团内部斗争的激化，董仲舒的神学世界观的官方经学为了适应统治阶级的政治需要，直接与当时社会上流行的谶纬迷信相结合，形成一股神学文化思潮，弥漫整个东汉时代。尽管谶纬带有迷信的色彩，但它对汉画像艺术的发展起着促进作用。

西汉末年王莽时期，从董仲舒开始的神学化的儒学文化思想的恶性发展，导致了谶纬迷信的广泛流传。在政治斗争中，群雄纷纷利用谶纬作为自己争夺天下的理论根据。刘秀利用谶纬为自己造势起兵。《后汉书·光武帝纪》云：第皇三年南阳饥荒，诸家宾客多为小盗。光武避吏新野，因卖谷于宛。宛人李通等以图谶说光武云：“刘氏复起，李氏为辅。”刘秀后来决定即帝位，亦因《赤伏符》之故。由于谶纬给刘秀的起兵称帝带来了巨大的社会效应，以致对他的思想和行动都产生极大的影响。《后汉书·桓谭传》中说：“世祖方信谶，多以决定嫌疑。”由于他对谶纬的迷信，在推广儒学时，积极倡导谶纬。刘秀晚年更加迷信谶纬，并与中元元年（56）“布图谶于天下”[1]，正式把谶纬神学定为官方哲学。

大量谶纬之学虽充斥着荒诞迷信，但也包容了不少自然科学、历史知识和具有哲学意味的理论，发挥周易的象数学和利用天文历法知识形成的唯心主义宇宙生成论等。谶纬神学中有关天人感应目的论及社会政治伦理的思想后来在汉章帝刘炬亲自主持的白虎观会议上得到确认，并被进一步系统化为《白虎通义》一书。作为皇帝钦定的神学法典，颁行全国。《白虎通义》既大量引证“谶”“纬”，又系统发挥董仲舒思想，形成一套法典化的思想体系。

正当谶纬迷信泛滥的时候，东汉早期地主阶级进步的思想家桓谭，对谶纬迷信进行了有说服力的批判。桓谭认为谶纬预言虽有偶然巧合之处，但不足为凭。王充对董仲舒神话了的儒家孔孟学说基本上采取批判态度。王充认为日月运行有一定的规律，日食、月食、云雨霜露都是自然现象，不是祥瑞和灾异的反映，这些观点在当时谶纬盛行的时代是难能可贵的。

4. 汉代艺术与汉画像之美

汉代文化的成熟当然也包含了视觉艺术的成熟。气势与古拙是汉代艺术的基本美学风貌。汉代画像艺术以汉代画像石、画像砖和壁画等为代表。这类艺术是靠行动、动作、情节而不是靠细微的精神面容、声音笑貌表现对世

[1] 《后汉书·光武帝纪》（下）。

界的征服，于是粗轮廓的写实，缺失的、不需要任何细部的忠实描绘，便构成汉代艺术的“古拙”外貌。李泽厚认为，汉代艺术形象看来是那样笨拙古老，姿态不符常情，长短不合比例，直线、棱角、方形又是那样突出，缺乏柔和……但这一切不但没有减弱反而增强了运动、力量、气势的美，也充满了雄浑厚重的冲涌力量，体现着一种蓬勃旺盛的生命力。汉代艺术呈现出的更多是整体性的民族精神。汉代艺术虽然继承了殷商青铜器纹样的风格和荆楚艺术的浪漫，但艺术的精神却是汉代艺术自己成熟的标志。

从文化史的角度看，在东汉末佛教艺术传入中国以前，中华民族是在本土内在各民族交流的基础上独立地创造了自己的艺术精神。当我们把目光聚焦在具体的汉代艺术作品，如帛画、散文、汉赋、汉乐府、石雕、陶俑、画像石（砖）、古诗、隶书、章草、简牍、碑刻等上时，就能感觉到它的创造活力和激情，我们有理由说汉代艺术既是对上古艺术的总结，又是后世中华民族艺术的开端。

汉代艺术的成熟当然也是有一个过程的，可总结为三个阶段：

西汉初期的艺术虽然继承了先秦时期的艺术，但到西汉中期基本上形成了与先秦艺术有区别的独特风格，尤其表现在帛画、壁画、隶书等方面。这时期的艺术已经减少了“神”性而多了“人”性，这是艺术的一大进步。武帝时代基本确立了新的艺术结构和艺术精神。

西汉初中期的艺术虽然已形成自己的特征和风貌，但毕竟还处在继承和全面融合中的创新阶段。到两汉之交时期，在原有艺术体系和框架之外，一些新型的艺术门类开始产生并大规模流行，画像石、画像砖、草书等艺术形式纷纷产生。这时期，艺术的风格面貌与精神追求开始进入了一个崭新的阶段。

东汉中期，是汉画像艺术的代表——画像石和画像砖的风格真正从幼稚走向成熟的时期。就全国画像石出土的情况而言，东汉中后期是汉画像石艺术大繁荣的时期。这时期的汉画像石产生范围广、数量多，从甘肃、陕西、河南、四川、山东、江苏甚至北到内蒙古，南到云南等，大半个中国都发现了汉画像石的存在，且百分之六十以上都是这时期的作品。这时期的艺术技法开始变得成熟，风格多样。从早期的纯阴刻线发展到阳刻线、高浮雕、透雕等多种手法并用。每个地区都有自己的地方特色，甚至有个人风格；人物也由单一的侧面到正面、半侧面、多半侧面、仰视、俯视等，甚至在江苏徐州、安徽萧县等地发现了毕加索式的立体绘画；题材范围比原来扩大了，由前期的多神兽、百戏、羽人、出巡扩展到丰富多彩的神话故事和现实生活的方方面面，如屠宰、和面、汲水、切割、烧烤、纺织、酿酒等；题材无论从深度和广度来讲都是空前的；图样构思方面出现了总体设计思路，如山东武氏祠、河南密县打虎亭汉墓等，艺术家在进行创作前明显经过了统一的设计，使众多的内容多而不乱，繁而不杂。

第三节 政治背景

汉画像艺术的特殊性在于它正处于由非独立向独立、非自觉向自觉转化的时期。汉代艺术的精神与当时汉代政治氛围有很大的关系，政治环境的递变，是两汉艺术精神嬗变的背景内容之一。

1. 西汉早中期的政治氛围

西汉的早中期，是国家政治蒸蒸日上、对外日益扩张的时期，人民对于未来显示出极大的信心。同时，人民对作为国家的最高统治者的天子产生恐惧、依赖和顺从心理。以皇帝为最高的金字塔形的社会结构空前稳固。

汉高祖刘邦初定天下，就与谋臣陆贾发生过一次著名的争论，争论的关键是汉朝“以马上得天下，是否以马上治之”，争论的结局是汉高祖考虑到秦代“以法为教”，黜道、坑儒，终于失败，为适应现实政治的需要，暂时采取了黄老之学的新道家思想为“治国安民”的指导方针，并取得了“文景之治”的实际效果。司马迁对汉初的政治建设曾作过总结：“周道废，秦拨去古文，楚灭诗书。故明堂石室金匮玉版图籍散乱。于是汉兴，萧何次律令，韩信申军法，张苍为章程，叔孙通定礼仪，则文学彬彬稍进，诗书往往间出矣。”（《史记·自序》）汉初政治结构，主要沿袭秦代的中央集权和郡县制，后来经过平定诸吕之乱及诸侯王的分裂叛乱并巩固边防，历经控制工商业、改变旧风俗、完善新制度、培养后继人、建立新法度、巩固中央集团的权威等系列措施。武帝时的集权程度达到了很强的程度，这时的政权机构也更加庞大，中央政府内分三公、九卿、列卿、宫官四大部门，各级军官均隶属于中央，从而使中央政府成为军、政、司法大权集于一身的最高权力机关。地方行政管理采取郡县制，西汉的郡县数量比秦时增多，《汉书·地理志》云：“本秦京师为内史，分天下作三十六郡。汉兴，以其郡太大，稍复开置，又立诸侯王国。”西汉通过缩小郡县规模，一方面削弱了地方政府的实力，另一方面加强了中央政府的控制力量。

文景时期的藩国反叛、边境寇乱，到武帝时期都得到有效平息。武帝先后发兵平定了境内南越王与东越王的叛乱，后又于元封元年（前 110）十月，亲自领兵北征。经过几番战役，痛击匈奴并大获全胜。直至宣帝甘露二年（前 52），南匈奴率部投降汉朝配西汉印绶，北匈奴远徙漠北更为辽远的吉尔吉斯西北一带。西北方对汉王朝的威胁从此彻底解除，丝绸之路由此开始繁荣，中国的商人可以放心大胆地通过丝绸之路，源源不断地把商品销往中亚，中亚的货物也可以畅通无阻地运抵中原。汉画像中许多胡人的形象反映了当时丝绸之路上文化与经济的交流情况。汉画像中的许多图像内容，真实地表现了胡人来中原进行交流的盛况。

西汉靠着泱泱大国的冲天气势，扮演着一个征服者的角色。汉代也是一个崇尚英雄的时代，如苏武、李陵、张骞、卫青、霍去病、公孙敖、赵破奴、李广利等一大批青年将领和外交使节都出在那个时代，他们有的英勇善战，令敌人闻风丧胆，有的在外交上表现出勇气、耐心和胆量，树立了中华民族强大的自信心。西汉王朝作为一个英雄精神的汇合体，也在国内的民众及四周邻国中间树立了极高的威望。

随着西汉王朝的逐日强盛，国家制度与文化的建设也相应更加完备，董仲舒天人感应的神学思想体系的权威地位的确立，把这个有史以来最为强大的统一帝国从政治到文化连接成了一个和谐明朗、运转有序的大机器。同时，对士人的选用制度也相当完善，经翦伯赞先生研究，当时由选举进身者，有博士弟子、明经、明法及学童四科；由廉能征用者，有征起、孝廉及贤良方正三科。由郡国举荐者有茂才异等、孝悌力田两科；由考试进身者，有对策、射策两科。以上各种考选举荐，皆系经常举行，大批录用。[1]由武帝至昭帝、宣帝的一百年间，西汉达到了真正的强盛安宁。当时的社会，从政府的各级官吏到民间百姓在儒家文化的熏陶下循规蹈矩、恭谨慎重、讲究仁义礼信。这是一个强盛而又安宁的时代，但又是一个个性受到压抑、创造力沉睡的时代。

2. 西汉末动荡的政治

西汉末期社会开始出现重大危机。从西汉建国至汉宣帝，历代执政者虽说是或奉黄老，或尊儒，但从来都重视以法家律制治国。元帝即位后，则多用儒生。治国大政方针的调整带来的最直接后果便是为过多的儒家条文所牵制，遇事优柔寡断。据《汉书·元帝纪》记载：元帝“多才艺，善史书。鼓琴瑟，吹洞箫，自度曲，被歌声。分刘节度，穷极幼眇”。从汉代历史上前几位帝王来看，除高祖和武帝善于即兴作歌外，元帝也是一位多才多艺的帝王，以致不亲政事，使皇权外移，天子威信下降。成帝虽不如其父多才多艺，却十分讲究容貌风度之美。据《汉书·成帝纪》记载：成帝“擅修容仪，升车正立，不内顾，不疾言，不亲指，临朝渊嘿，尊严若神”。成帝还

[1] 翦伯赞：《秦汉史》，北京大学出版社 1983 年版，第 277–278 页。

沉湎酒色，致使赵飞燕姐妹搅乱内宫，外戚擅权于朝，王氏一门十侯五大司马，势倾一世，致使当时的皇帝也无可奈何。据《资治通鉴》卷三〇《汉征·成帝和平三年》记载："王氏子弟皆卿、大夫、侍中、诸曹，分据势官，满朝廷。"到哀帝时，皇权衰落、权移外戚与宦官造成的政治危机和社会危机已达到非常严重的地步。据《汉书·孔光传》记载：当时"阴阳错谬，岁比不登，天下空虚，百姓饥谨，父子分散，流离道路，以十万数。而百官群职旷废，奸宄放纵，盗贼并起，或攻宫寺，杀长吏"。这时，束手无策的统治阶级便把希望寄托在王莽身上，平民百姓对王莽也产生了一些幻想。在这种情况下，王莽的社会地位日益提高，甚至假托符命为自己制造代汉的理论。后来王莽一脚踢开刘家的傀儡皇帝孺子婴，下达了代汉立新的诏书，登上了皇帝的宝座。

3. 东汉初政治暂时走上正轨

东汉光武帝中兴事业，经过光武、明帝和章帝六十几年较为清明、太平的政治统治，东汉也确实出现了一片中兴的繁荣景象，国内政治基本上按正常轨道向前发展。各诸侯王，从始封时起，对自己的领地就无政治统治权，只有食封的经济权。明帝以后又减少了诸侯王的食封收入，以增加朝廷的财政收入。东汉前期的皇帝对诸侯王的控制采用恩威并施的政策，不再像西汉时期的皇帝那样对违法越制的诸侯王动辄"除国"或处以极刑，而多采取宽容的态度。只要对皇权不构成威胁，皇帝就对一些诸侯王的胡作非为睁一只眼闭一只眼。不过这种宽容是有一定限度的，超越了限度，皇帝也不惜大肆捕杀，如对楚王英谋反的处理，把数以千计的人送入牢狱，不少家族被满门抄斩。光武帝刘秀为了巩固封建统治，还特别恢复和完善了祭祀礼仪制度。在郊祀、社稷和宗庙祭祀上，都按照儒家思想规定了明确的制度，这些制度与谶纬迷信一起构成了东汉"生不极养，死乃崇丧"的时代特征，以致厚葬之风盛行。

4. 东汉后期更加动荡的政治

东汉和帝以后，即位的八个皇帝都是少不更事的童子，登基时都没有超过 15 岁的，如殇帝仅 100 天，安帝 13 岁，顺帝 11 岁，冲帝 2 岁，质帝 8 岁，桓帝 15 岁，灵帝 12 岁，献帝 9 岁。由于皇帝幼小，女后临朝，这就致使国家大权又操纵在外戚和宦官的手中，先后有寇宪、邓骘、阎显、梁冀、寇武、何进六大外戚集团在明争暗斗操纵国家大权。这种外戚集团同皇帝和宦官争夺权利的拉锯战使得朝野血雨腥风，人人自危，这种情况一直延续到东汉末。

西汉末到东汉末的几次政治危机，首先都是从统治阶级内部的腐化和争斗开始的，最高权力阶层的动摇，使得象征“天”的中央政权的神圣已不再，人们对皇权和政治的信心与依赖发生了动摇。在这样的政治环境下，年轻读书人的仕进道路也不再像明君贤相在位时那么通顺畅达，这也促使当时的士人更为深刻地思索和关注生命本身和个体。

国势的衰微，也使得边境的战乱更加频繁，东汉朝廷已经丧失了西汉时代那种称霸一世的英雄之气，只求苟安，甚至连固有的领土也难以保全，只好用塞屋伐树的办法，驱赶居住在边境的百姓迁于关内。与此相反，聚集在今贵州、云南一带的少数民族也趁中原之乱，纷纷脱离汉朝的统治。

由于东汉政治的动荡使得国力衰弱，人们不再满足于现有的理论结构，而是纷纷开始寻找新的信仰支撑、新的生命理念和新的生命模式。在这种新的自我反思中，东汉人的自我意识开始觉醒，生命意识不断加强，纯艺术的精神开始萌发。汉代的许多艺术，尤其是汉画像艺术就是兴起于两汉之际，盛行于东汉中后期，其艺术中表现自我情感、展现生命的情感越来越明显。

第三章　生态美学观产生的背景

第一节　生态美学产生的经济社会背景

生态美学产生的经济社会必然性要说明的是人类文明形态是否要实现一种新的过渡，是否要由工业文明过渡到生态文明。本节首先介绍两本影响深远的书——《寂静的春天》和《增长的极限》，再探究一下“祛魅”和“复魅”的问题，最后具体交代生态文明时代的到来和我国当代的生态状况。

一、人类由工业文明过渡到生态文明觉醒的开始

（一）莱切尔·卡逊与《寂静的春天》

莱切尔·卡逊（Rachel Carson，1907—1964），美国当代著名的生物海洋学家，著有《在海风下》《环绕着我们的海洋》《海洋边缘》等。其中最著名、最具有代表性的著作当属1962年出版的《寂静的春天》，这一作品已经成为当代生态理论中的“里程碑似的经典之作”，也是文学生态批评的经典之作。此书的写作经历了好多年，在写作过程中，卡逊经受了两次巨大的灾难：一次是母亲去世，卡逊终身未婚，与母亲相依为命，母亲的去世对她而言是一个沉重的打击；另一次是卡逊本人罹患癌症。在《寂静的春天》出版两年后，即1964年，她就去世了。这本书不仅体现了卡逊具有的文学家的激情和思想家的深邃，而且体现了她科学家般的严谨和实证的精神。她艰苦地收集了大量的证据，经过了大量的调查研究，在书中以犀利的笔触猛烈地抨击了杀虫剂、农药对地球和大气的破坏，矛头直接指向DDT农药的生产。这本书的出版严重触犯了农药生产资本家及与之相关的科学家集团的利益，所以招致了大量批评、围攻乃至人身攻击。《纽约时报》谈及这个情况时用了一个生动又颇具倾向性的标题——“寂静的春天变成了喧闹的夏天”。卡逊顽强地顶住了压力，使这本书得以顺利出版发行并成为当时美国和全世界最畅销的图书之一。正是由于这本书的出版，美国颁布了一部关于环境保护的

法律。该书的出版也真正成为生态问题的一个转折点。卡逊以明确的、富有诗意的却又浅显易懂的文字具体论述了杀虫剂如何破坏美国的空气、土地和水资源及滥用杀虫剂的损害远远大于它带来的好处，她以自己的笔触唤起民众对生态问题的高度注意，许多美国人把她看作一个英勇无畏的英雄。

（二）一个寓言的启示——人类自己危害自己

莱切尔·卡逊在《寂静的春天》的第一章中虚构了美国中部的一个城镇受农药破坏的状况。美国农业现代化的初期，化肥、农药等现代农业科技的广泛使用，将给生态环境带来巨大的压力。卡逊虚构的这个城镇从繁花似锦、百鸟齐鸣到一片死寂，原因就是 DDT 等杀虫剂的过度使用，既破坏了农田、土壤，也危害了昆虫、鸟类，实际上是人们自己损害了自己。这个城镇是美国 20 世纪 60 年代无以数计的城镇的一个缩影，是工业文明导致人类自己危害自己的一个极为形象的寓言。人类不仅破坏了自然，而且危害了人类自身，使每三个家庭之中就有两个要遭受恶性病的打击❶。

（三）对工业统治时代不惜代价追求赚钱的无情谴责

马克思在《资本论》中讲到，资本的本性在于对资本无限增殖的追求，卡逊在《寂静的春天》中从自己的角度对这一结论做了生动的阐释，她揭露出造成寂静的春天的原因是现代农药，特别是 DDT 农药的大量使用。而这一现象背后最终的原因则是资本主义工业统治追求利润的最大化。她说，“现在又是一个工业统治的时代，在工业中，不惜代价去赚钱的权利难得受到谴责”❷。她将这种情况进一步追溯到工业革命以来资本主义对金钱的追逐——也就是马克思讲的资本追逐增殖的本性，并将这一问题提到了公共健康的高度。她说，“化学药物的生产起始于工业革命时代，现在已经进入了一个生产高潮，随之而来的是一个严重的公共健康问题将出现”❸。

（四）对大自然平衡规律的揭示

莱切尔·卡逊作为一名海洋生物学家，在书中熟练地应用了生物学的基本理论，特别是大自然平衡的理论，并着重倡导了生物环链的思想。英国著

---

❶ ［美］莱切尔·卡逊：《寂静的春天》，吕瑞兰、李长生译，吉林人民出版社 1997 年版，第 192 页。

❷ 同上，第 11 页。

❸ 同上，第 162 页。

名历史学家汤因比（Arnold Joseph Toynbee）也曾倡导生物环链理论，他说人类对自然环境的破坏是犯了“弑母”之罪。卡逊则说，“现在一些地方，无视大自然的平衡成了一种流行的做法”，而大自然的平衡“是一个将各种生物联系起来的复杂、精密、高度统一的系统，再也不能对它漠视不顾了，它所面临的现状好像一个正坐在悬崖边沿而又盲目蔑视重力定律的人一样危险。自然平衡并不是一种静止不动的状态；它是一种活动的、永远变化的、不断调整的状态。人也是这个平衡中的一部分。有时这个平衡对人有利，有时它会变得对人不利。当这一平衡受人本身的活动影响过于频繁时，它就会对人不利”。❶ 卡逊还论述了生物环链，“这个环链从浮游生物的像尘土一样微小的绿色细胞开始，通过很小的水蚤进入噬食浮游生物的鱼体，而鱼又被其他的鱼、鸟、貂、浣熊吃掉，这是一个从生命到生命的无穷的物质循环过程”❷。在当代生态思想中，环链理论是非常重要的。地球上所有的物体和生物，包括人在内都是这个生物环链中的一环，都享有在环链中应该享有的权利，也要承担环链赋予它的某种意识到的或没有意识到的责任——那就是维护生态环链的稳定和平衡。现在有一种说法，认为生物环链破坏以后还可以再恢复，其实是不可恢复与还原的。一种生态环境被破坏又重新得到治理后，存在于其中的生态环链其实已被改变，不再是未被破坏时的那个生态环链了。原始森林被砍伐后，生态环链被破坏，再种上树后造就的是另一种新的环链，原有的环链不可恢复；黄河的水被污染后，我们加以治理，其中的生态环链已被改变，治理后的黄河变成了另外一条黄河。事实证明，生态状况都是一次性的、不可重复的，所以我们要爱护并努力维护生物环链的平衡。

（五）对人类“控制自然”这一妄自尊大的“想象”的批判

“控制自然”的说法是司空见惯的，我们在 20 世纪说的“战天斗地”“人有多大胆，地有多大产”等，都是出自对“控制自然”的强烈自信，但这种自信是一种无知的，是妄自尊大的想象。人类其实不可能完全控制自然，相反，只能尊重自然、顺应自然。马克思从不讲控制自然，他讲“按照美的规律建造”。“美的规律”包括两个方面：一是物种的内在需要，二是人的内在需要。满足人的需要也要尊重物种的需要，这是提倡尊重自然而不是控制自然。卡逊在谈到人对自然的控制时说，“控制自然这个词是一个妄自

❶ ［美］莱切尔·卡逊：《寂静的春天》，吕瑞兰、李长生译，吉林人民出版社 1997 年版，第 215 页。

❷ 同上，第 23 页。

尊大的想象产物，是当生物学和哲学还处于低级幼稚阶段的产物，当时人们设想中的控制自然就是要求大自然为人们的方便有利而存在。运用昆虫学上的这些概念和做法在很大程度上应归咎于科学上的蒙昧。这样，一门如此原始的科学却已经用最现代化、最可怕的武器武装起来，这些武器在被用来对付昆虫之余，已经转过来威胁到我们整个大地了，这正是我们巨大的不幸"❶。用DDT农药来控制所谓害虫的蔓延导致了"寂静的春天"，这是人类在自食其果。与此相似，在我国曾有过"除四害"的运动，麻雀被认为是"四害"之一，人们用投药、网捕等各种方式消灭麻雀，这种做法同样也是非常幼稚的，是破坏自然平衡和生态环链。

（六）对人类处于交叉路口的誓示

在《寂静的春天》中，莱切尔·卡逊指出生态环境问题的严重性并对人类发出了严厉的警示。她说，"现在我们站在两条路的交叉路口上，这两条道路完全不一样。……我们长期以来一直行驶的这条道路使人们容易错认为是一条舒适的、平坦的超级公路，我们能在上面高速前进。实际上，在这条路的终点却有灾难正在等待着。这条路的另一个岔路很少有人走过，岔路——为我们提供了最后唯一的机会让我们保住我们的地球"❷。她说的"一直行驶的路"实际上是指污染生态环境的人类自己危害自己的道路，而另一条人类很少走的"岔路"则是保持人与自然的协调、和谐、统一之路。

二、《增长的极限》——人类应该选择另一种发展模式

（一）对人类发展模式的思考——贝切伊与罗马俱乐部

罗马俱乐部是一个国际性的、非政府性的、非意识形态的、不为任何国家或政党利益服务的、跨文化的国际学术研究的民间团体，拥有世界著名的一批物理学家、生物学家、数学家、经济学家、社会学家、未来学家、哲学家等。它的创始人是意大利的奥雷利奥·贝切伊（Aurelio Peccei，1908—1984）。贝切伊出生于意大利都灵一个进步的文化人家庭，是一名经济学博士、意大利著名的工业家、社会活动家和全球问题学者，曾就职于菲亚特汽车公司，"二战"期间投身于反法西斯左翼运动，成为意大利抵抗运动的一

❶ ［美］莱切尔·卡逊：《寂静的春天》，吕瑞兰、李长生译，吉林人民出版社1997年版，第203页。

❷ 同上，第204页。

员。1944 年曾被捕入狱近一年，战后继续就职于菲亚特汽车公司，曾在中国常驻八年。1957 年后，他在意大利财界、政界和工业界人士的支持下，成立了一个以自己为总经理的、不以营利为目的的国际工程和经济顾问公司，后发展成为欧洲最大的、最有活力的经济顾问公司。在事业如日中天的时候，贝切伊功成身退，把目光集中于人类困境问题，希望找到一种方法改变人类走向灾难的进程。1968 年 4 月，在他的倡议下，意大利、瑞士、日本、联邦德国、英国等 10 个国家的 30 多位专家，包括科学家、教育家、经济学家和企业家等在意大利的林赛科学院开会，讨论当前和未来的困境，这是首次讨论人类困境问题的国际性会议。罗马俱乐部就是在这个会议的基础上诞生的。目前，罗马俱乐部有来自 40 个国家的近 100 名代表，他们就当前社会的人口、资源、粮食、能源、环境等全球问题进行了跨学科的、开拓性的研究，写出了一系列综合性的研究报告：《深渊在前》《增长的极限》《人类处在转折点上》《走向未来的道路图》《关于财富和福利的对话》等。

《增长的极限》就是由罗马俱乐部委托美国麻省理工学院四位年轻科学家写的有关人类社会经济发展的一个科学报告。这本书于 1972 年问世——也正是在这一年，《联合国人类环境宣言》获得通过，标志着人类踏入了生态文明时代，生态问题成为全球问题。《增长的极限》以科学雄辩的数据与推理论述了增长的极限，第一次向人类展示了在一个有限的地球上无限制的增长带来的严重后果，震惊了全球。1992 年该书出版了修订版，2004 年又出版了第三版，以三十年来新增加的数据再次就增长问题向人类敲响了警钟。正如作者所说，这本书并不是一本单纯预测人类未来的书，而是从各种已知数据和假定的情况出发模拟各种场景和结果的书，是一部供人类选择正确道路的书，也是一部警世之书。作者一再说，“人类已经超出了地球环境的承载能力，但人类有足够的时间，甚至在全球范围内，进行反思，做出选择，并采取行动进行矫正”❶。这本书对人类的意义非同寻常，但在开始时却受到了很多抵制，因为它要限制发展，提倡一种“够了就行”的生活模式，这在某些热衷于发展与过度消费的人看来则是难以忍受的。

（二）人类历史上发展模式的三大变革

《增长的极限》提出了人类历史发展模式的三大变革。首先是有关经济社会发展模式的变革。作者指出，“人类历史已经见证了多个结构改革，农

---

❶ ［美］德内拉·梅多斯等：《增长的极限》，李涛、王智勇译，机械工业出版社 2006 年版，第 4 页。

业和工业革命是其中最深刻的例子”❶。这两次变革都是由“短缺”和“匮乏”引起的，是迫不得已的。农业革命是人类对野生物种匮乏的成功应对。❷由于人口的增长，狩猎经济中野兽的减少已经不能满足人们的需要，所以人类定居下来，选择种植和农业经济。我国内蒙古的有些牧区已不再采用原始的放牧式生产模式，而是发展一种“圈养”式模式。在内蒙古，“风吹草低见牛羊”的景象已经很难见到，草长得很矮，虽然当地人说那种草很有营养，但毕竟反映了土地肥力的不足及原始牧业迫于人口和需求增长的压力而不得不向农业转型的趋势。随着历史的发展，“更多的人口增长产生了新的短缺，特别是土地和能源的短缺。于是，另一场革命成为必然”❸。这场革命就是工业革命。这时，“机器而不是土地，成为生产的核心手段。公路、铁路、工厂、烟囱在地平线上冒了出来，城市也在不断膨胀。这种变化也是一种混杂的快乐”❹。这就说明，由于人口的急剧增长，传统农业已经养不活这些人口，从而形成新的短缺，这就是工业革命发生的重要原因。但“工业革命的成功和此前的狩猎和农业革命一样，最终也给自身带来了短缺”，这种短缺包含“源”和“汇”两个方面。“源”即资源；“汇”指的是地球对污染的承受力，这样就导致一场新的“可持续性发展”的革命。《增长的极限》一书指出，“像其他伟大的革命一样，即将到来的可持续性革命也将改变地球的面貌，改变人类的个性、智慧和文化的基础。像此前的革命一样，它将需要几个世纪的时间才能全部展开——尽管今天它已经开始了”❺。即将到来的“可持续性”发展的革命也就是生态革命，它有三个特点：

（1）这是一场在消费社会中使人们保持物质生活“适度”消费的革命。

（2）这是一场以“可持续、有效率、充裕、平等、美好和共有作为全社会最高价值观的革命”。

（3）这是一场遵循如下原则的革命：

经济是一种手段而不是结果，是为环境福利服务的而不是相反；建立有效率的、可再生的能源系统；建立有效率的、闭合循环的物质系统（也就是建立可将废物回收利用或加以无害化处理的物质系统，我国从 2008 年 6 月份逐步开始禁止不可降解的塑料袋的生产和使用，就是个非常好的政策措施）；

---

❶ ［美］德内拉-梅多斯等：《增长的极限》，李涛、王智勇译．机械工业出版社 2006 年版，第 219 页。

❷ 同上，第 220 页。

❸ 同上，第 243 页。

❹ 同上，第 221 页。

❺ 同上，第 223 页。

技术设计把污染与废弃物排放减小到最低程度，且全社会约定不生产技术和自然界无法处理的污染和废弃物（在发达国家，垃圾分类非常严格，不同颜色的塑料袋装不同的垃圾，分有机物与无机物、可降解与不可降解等种类，混在一起的垃圾要被退回）；保持生态系统的多样性（古语云，“和则相生，同则不继”。地球上的任何物种都是生态环链中的一员，哪怕在人类看来是极其微不足道的，也都有生存的权利，都在生物环链中发挥着自己的特有作用）；活着的原因和想让自己生活的条件更好的原因不再涉及物质的积累享受。❶

当然，我们要保证必需的物质满足。我们要建设“小康”社会，但不能无止境地追求物质的享受和占有。

（三）关于“源”“汇”“生态足迹”“指数型增长”与“过冲”等几个关键词

《增长的极限》为了阐明发展与资源、环境的关系，创造了一些特有的词汇，这些词汇反映了作者的基本思想，成为全书的关键词。

“源”，即维持人类生存发展的资源，可分为两种：可再生资源与不可再生资源。可再生资源包括土壤、水、森林、鱼等；不可再生资源包括矿物燃料、高等级矿藏、地下水等。对于“源”，《增长的极限》提出了两个原则：

（1）对于可再生资源，要求可持续的使用率不能高于它的再生率。例如，鱼的捕捞量不能高于剩余鱼群数量的增长率。

（2）对于不可再生资源，要求可持续的利用率不能高于用于代替它们的可再生资源的可持续的利用率。例如，对石油的利用率不能高于代替石油的风、电、光电等新的资源的生产率，否则当石油耗尽时，用来代替它的资源将无法满足需求。

“汇”，即大自然吸收、净化人类污染物的能力。对于“汇”，也有一条可持续性发展原则——“可持续的排放率不能高于污染的被循环利用、吸收以及在汇中无害分解的速率”❷。

以上三条原则被经济学家赫尔曼·戴利（Herman Dali）称为“物质和能源吞吐能力的可持续极限的三个简单原则”❸。

---

❶ ［美］德内拉·梅多斯等：《增长的极限》，李涛、王智勇译，机械工业出版社 2006 年版，第 50 页。

❷ 同上，第 51 页。

❸ 同上，第 3 页。

"生态足迹"为《增长的极限》第三版借用的20世纪90年代之后生态哲学发展的一个新的概念，也是该书重要的关键词。所谓"生态足迹"（ecological footprint），即"这个星球的人类需求和地球能提供的容量之间的关系"❶，具体指"为国际社会提供资源（粮食、饲料、树木、鱼类和城市用地）和吸收排放物（二氧化碳）所需要的土地面积"。中国960万平方公里的土地上生存着14亿人口，加拿大1000多万平方公里的土地只有不到4000万人口，我们的生态足迹相比之下小得多。以前我们的教科书常讲中国"地大物博"，从生态足迹的理论看，我国的环境资源压力其实是非常大的，我们地也不大，物也不博。理论家马西斯·瓦科纳格尔（Mathis Wackenagel）运用生态足迹理论验证：在20世纪80年代（1980年），人类需求与地球的承载能力两项大体持平；而到了1999年则已经超过了20%。世界自然基金会也在一份报告中指出，全球的平均生态足迹为每人2.2公顷，大大超过了地球所能提供的1.8公顷；自20世纪60年代以来，中国的平均生态足迹增加了一倍，现在的需求是这个国家可持续供应数量的两倍多，❷ 由此可见问题的严重性。

"指数型增长"，指人口、资本和经济增长的一种方式，"也就是翻番、翻番、再翻番的过程，是非常令人吃惊的，它是如此之快地产生如此巨大的数字"❸。也就是说，一个数量以一个已有的比例增加时，它就呈指数型增长。例如，将100美元存入银行，按照7%的利息，第一年增长到107元，第二年增长数为107元的7%即7.49元，到第十年就能增长到196.72元，几乎翻了一番。但将100美元放到罐子中，每年投入7元，十年之后为149元，这种增长是线性增长。到了第五十年末，银行账户中的钱将比罐子中的多6.5倍，几乎多出2500美元。在过去的半个世纪里，欠发达地区城市的人口增长呈指数型增长，十九年间人口翻了一番；而工业化地区的人口呈线性增长，较为平缓。对于人口的指数型增长，有一个现实的问题摆在我们面前，即在一定的生态足迹下，人的需求和土地的比例有没有增长的限度，而这个限度又在哪里呢？

"过冲"（Overshoot），本义为过度、过头、超过、超载、越界。1992年，来自70多个国家的1600多名科学家，其中包括102位诺贝尔奖获得

❶ ［美］德内拉·梅多斯等：《增长的极限》，李清、王智勇译，机械工业出版社2006年版，第5页。

❷ 转引自《参考消息》2018年6月11日。

❸ ［美］德内拉·梅多斯等：《增长的极限》，李涛、王智勇译，机械工业出版社2006年版，第17页。

者，签署了《世界科学家对人类的警告》：人类和自然世界处于“过冲”之中。人类活动对环境和重要资源带来严重且经常是不可修复的破坏，如果不加以阻止，我们目前的许多行为会对我们期望的人类社会、地球和动物王国带来严重威胁，并将改变人类生活的世界，以致无法按照我们所知道的方式延续生命。如果要避免我们目前进程带来的冲突，就迫切需要一些根本性的改变。

（四）世界面临一个选择

《增长的极限》这本书不是在预测世界的未来，而是以科学的态度和方法提供各种模型供人类选择，它说“世界面临的不是一个命中注定的未来，而是一个选择”，书中提供了三个供人类选择的模型：

（1）世界没有极限，可以无限制地增长，结果是榨干地球，导致崩溃。

（2）极限正在逼近，人类不可能做到适度，只能任其发展，结果也是导致崩溃。

（3）极限是真实存在的，某一方面已经超过了它，但还有足够的时间和可能降低人类的生态足迹，可持续地演进到一个对绝大多数人而言都更加美好的世界。

《增长的极限》的作者告诉我们：对于第三个模型，“从我们已经掌握的证据来看，从世界数据到计算机模型，都表明它是可信的，是可以达到的”❶，这就是《增长的极限》一书的最后结论。

三、人与自然的崭新关系——从“祛魅”到部分“复魅”

（一）关于世界的“祛魅”和部分“复魅”

“魅”，即精怪、鬼魅、妖狐等，带有浓厚的迷信色彩。在古代农业社会，科技不发达，人们不了解自然现象，认为很多神秘现象都是神灵鬼怪凭附，因而过去在我国农村有些地方，蛇、狐等动物往往极具神圣色彩，是不能捕杀的，否则就会带来灾难。工业社会时代，科技发展，人们认识自然的能力大大增强，自然开始褪掉神秘色彩。启蒙主义时代，培根（Francis Bacon）提出“知识就是力量”，有了知识就能改变一切，这是人类尊崇知识和

❶ ［美］德内拉·梅多斯等：《增长的极限》，李涛、王智勇译，机械工业出版社2006年版，第257页。

自我的豪迈宣言；笛卡尔（Rene Descartes）提出“我思故我在”，认为理性高于一切，拥有理性的主体高于一切。他们过高估计以实验科学为代表的科学力量，认为依靠科技的力量无所不能，于是提出了“自然的祛魅”（Disenchantment of the World）。据考证，最早提出“世界的祛魅”的是德国著名社会学家马克思·韦伯（Max Weber），但“祛魅”在启蒙主义时期就已经开始了，康德（Immanuel Kant）的名言“人为自然立法”明确表明了这一立场。韦伯在发表于1904至1905年的《新教伦理与资本主义精神》中介绍基督教新技派别之一“加尔文宗”时提出了这一说法，他说，“宗教发展中这种伟大的历史过程——把魔力（magic）从世界中排除出去，在这里达到了它的逻辑结局”❶。“把魔力从世界中排除出去”（the Elimination of the World），又译为“世界魔力的丢失”，韦伯将其具体解释为“拒绝将圣餐中的魔法作为通往拯救的道路”。“圣餐中的魔法”是指耶稣在最后的晚餐中将象征着自己的血和肉的酒和面包分给门徒，这样他们就能在自己殉道以后得到拯救，拒绝这种宗教说教也是一种“祛魅”。英译者将这解释为“这一过程对韦伯来说是更为广泛的理论化过程中的一个极为重要的方面，他在这里总结了他的历史哲学”，也就是说，“祛魅”是韦伯理性化进程的重要方面，不仅局限于宗教。

美国当代哲学家大卫·雷·格里芬（D. R. Griffin）在《和平与后现代范式》一文中直接批判了韦伯有关“世界的祛魅”的观点，提倡部分地“复魅”。他说，“马克思·韦伯曾经指出，这种‘世界的祛魅’是现时代的一个重要特征。自然被看作是僵死的东西，它是由无生气的物体构成的，没有生命的神性在里面。这种‘自然的死亡’导致各种各样的灾难性的后果”❷。与之相反，他提出世界的返魅，他说，“这就要求实现‘世界的返魅’（the Reenchantment of the World），后现代范式有助于这一理想的实现”❸。他将“世界的返魅”作为后现代范式的一种理论成果。

“世界的返魅”到底恢复什么呢？是否重新回到农业社会的“万物有灵”呢？当然不是。正如华勒斯坦所说，“它并不是在号召重新神秘化世界，事实上，它要求打破人与自然之间人为的界限，使人们认识到两者都是通过时间之箭而构筑起来的单一宇宙的一部分。‘世界的复魅’意在更进一步地解放

❶ 马克斯·韦伯：《新教伦理与资本主义精神》，于晓、陈维纲译，上海三联书店1987年版，第29页。

❷ ［美］大卫·雷·格里芬：《后现代精神》，王成兵译，中央编译出版社1998年版，第218页。

❸ 同上，第22页。

人的思想”❶。我们可以将其理解为部分地恢复自然的神奇性、神圣性和潜在的审美性。

（二）自然是神奇的、神圣的、值得敬畏的

这是一个存在着激烈争论的问题。在人与自然的关系上，有人提出“敬畏自然”，结果遭到一些著名科学家、人文学者的坚决反对，认为这是颠倒了人与自然的关系，只有人才是伟大的、值得敬畏的。我们应该保持对自然的适度敬畏，因为直到现在为止，自然对于我们人类仍然具有某种神秘性与神奇性，而且这种现象将会永远继续下去。

恩格斯在《自然辩证法》中讲到宇宙生成时连续用了两个“不知道他说，“有一点是肯定的：曾经有一个时期，我们的宇宙岛的物质把如此大量的运动——究竟是何种运动，我们到现在还不知道——转化成了热，以致从这当中可能发展出至少两万个太阳系……”；又说，“至于我们太阳系的将来的 caput mortuum（残渣）是否总是重新变为新的太阳系的原料，我们和赛奇神甫一样一点也不知道”。❷ 实际上，宇宙到底是如何生成的，现在我们也不完全知道，目前有关宇宙生成的“星云说”“粒子说”“大爆炸说”等都只是假说。在谈到人类对自然的支配时，恩格斯又讲了一段非常著名的话，“但是我们不要过分陶醉于我们对自然界的胜利。对于每一场这样的胜利，自然界都报复了我们”❸。

自然科学的发展也对自然的“祛魅”提出了挑战。首先被推翻的是以牛顿（Isaac Newton）的自然力学为代表的科学决定论，最具代表性的是法国科学家拉普拉斯（Pierre-Simon，marquisde Laplace）在著作《概率的哲学导论》中的断言：“如果一个出类拔萃的智者了解宇宙中所有的作用力，了解所有物体的位置，那么通过‘简单的计算’，未来和过去都将展现在他的眼前”，但这样一种理论被现代自然科学推翻。首先是热力学。热力学指出装在密闭容器里的一升气体，含有百亿个原子，你不可能知道每个原子的位置，只能通过概率论和统计学对它的状态进行平均描述。海森堡（Werner Heisen-berg）的不确定性原理也指出，我们不能确切地同时知道一个粒子在哪里和它的运动速度是多少。再就是气象学家爱德华·洛伦茨（Hendrik Antoon Lorentz）于1961年提出了“混沌”学说，他认为很简单的系统会出现不

❶ ［美］大卫·雷·格里芬：《后现代精神》，王成兵译，中央编译出版社1998年版，第38页。

❷ 恩格斯．《自然辩证法》，人民出版社1971年版，第460页。

❸ 同上，第517页。

可预测的、非常复杂的运动和后果，即著名的“蝴蝶效应”——亚马逊河流域的一只蝴蝶扇动翅膀就有可能掀起密西西比河流域的一场风暴。“混沌”学说同时也指出人们不可能知道太阳系星球100万年后会在什么地方。

至于自然的神圣性，这应该也是不言而喻的。首先，自然是人类的母亲，人类来自自然，最后回归自然。同时，自然也是人类的家园，人类依靠自然提供的阳光、空气、水和食物而生存，一刻也离不开自然。人类是伟大的，但在自然面前又是渺小的，对自然保持适度的敬畏是完全应该的。

四、我们已处于后工业文明时代——生态文明时代

（一）建设性的后现代与生态整体主义

“后现代”是20世纪60年代以后提出的一个概念或范式，20世纪80年代后开始盛行，至今仍然影响深远。内涵极为丰富复杂，但就大致内容而言，包括“解构性”的后现代和“建构性”的后现代。解构性的后现代的主要代表人物是德里达，尽管他自己并不承认这一点，其理论以解构与破坏为重点，但也并不完全否定一切，只是在此前提下保留某些“擦痕”。与解构性的后现代相对的则是建构性的后现代，又称建设性的后现代，以美国的大卫·雷·格里芬为代表。这种建设性的后现代是对现代性的一种反思和超越，其中就包含对现代性中人与自然对立观念的反思、对人类掠夺控制自然的反思而走向生态整体主义。正如格里芬所说，“后现代观就产生了这样一种精神，它把对人的福祉的特别关注与对生态的考虑融为一体”❶。又说，“后现代思想是彻底的生态主义的，它是生态运动倡导的持久见识提供了意识形态方面的依据”❷。这种哲学与意识形态的依据就是对人与自然二元对立的反对和对有机整体哲学的倡导。由此可见，建设性的后现代必然包含着对生态文明的倡导。

（二）“人类纪”与生态文明时代的到来

“人类纪”的来临，导致人类活动对环境的影响空前加剧。从地质学的角度说，地球的演变是历史性的，地质学家用侏罗纪、白垩纪等概念加以表述。许多科学家认为，当前地球已经进入新的“人类纪”历史时期。据《中

❶ ［美］大卫·雷·格里芬：《后现代精神》，王成兵译，中央编译出版社1998年版，第23页。

❷ 同上，第227页。

国环境报》2019 年 8 月 31 日报道：

先前人们一直认为我们生活的这个地质时期应成为“全新世”，这个地质时期是约一万年前最近一个冰川期结束后来临的。然而，越来越多的科学家已经开始逐渐接受这样一套理论：地球已经进入它的另一个发展时期——“人类纪”，人类在这一时期对环境的影响并不亚于大自然本身。

在斯德哥尔摩“欧洲科学”国际科学论坛上，诺贝尔奖得主鲍尔·克鲁岑（Paul Crutzen）指出，人类正在快速地改变着所居住星球的物理、化学和生物特征，他们最为显著的“成就”就是导致气候变化。

同时，地壳与生物圈研究国际计划领导人威尔·史蒂芬认为，“人类纪”与人类社会发展初期平静的环境有着巨大的区别——未来我们面临的将是巨大的环境动荡。

通过计算机“地球系统”模拟实验，科学家们向人类揭示了保护我们的星球免受灾难性变动的重要意义。根据计算机模拟实验，随着全球变暖的趋势进一步加剧，亚马逊森林将消失，撒哈拉同时将变得更湿润和苍翠，而这一变化将加剧亚马逊的灾难。也就是说，在可以预见的未来，亚马逊和撒哈拉可能会出现角色互换。

另外，科学家们还严密关注着北大西洋环流、南极西部的冰川、亚洲季风等因地球环境变化而可能给人们带来的恶果。来自丹麦的海洋学研究教授凯瑟琳·理查德森指出，海洋中目前所含的碳酸气要比空气中的高出 50%。海洋酸化也将导致海洋植物和动物群系的匮乏乃至灭绝，这也会加速全球变暖态势。

“人类纪”的到来意味着：人类要反思与改变自己的行为方式，否则将走向毁灭。同时，20 世纪 60 年代以后，人类开始进入后工业时代。对这个时代的概括有信息时代、知识经济时代等，最近也有人将其概括为生态文明时代。目前，人类文明正处于从工业文明向生态文明过渡的阶段，生态文明是人类文明发展的一个新阶段，即工业革命之后的人类文明形态。1972 年，《联合国人类环境宣言》的颁布已经标志着人类进入生态文明时代，我国也在建设物质文明、精神文明与政治文明三个文明之外提出了“生态文明”的建设。实际上，我国提出的科学发展观、和谐社会目标、“以人为本”的理念、经济的可持续发展、“建设环境友好型社会”等原则，在某种意义上也是一种对工业文明的反思与超越，标志着新的生态文明时代的确立。

（三）走向生态现代化

历史告诉我们，当代生态理论的发展经历了三个阶段：

第一阶段，20 世纪 60—70 年代，即环境问题的突发和人类开始警醒的阶段。以《寂静的春天》《增长的极限》等著作的出版为标志，提出问题、进行反思，但也出现了矫枉过正的“反现代化、反工业化、反生产力、反科技”的错误思潮，甚至有人提出倒退到中世纪，这不仅是错误的，而且是不现实和行不通的。有些人夸大其辞地说我们现在生活的美好程度不见得比英国中世纪的农民好，这是严重脱离现实生活的呓语。其实以前我国大部分农村的生活一直是非常艰苦的，直到近年来，扶贫、脱贫成果显著，农民生活才有了很大的改善。因此，在生态环境问题上还是应该保持清醒冷静的头脑。

第二阶段，20 世纪 80 年代之后，提出发展和环境同步、经济增长与环境压力反比的思路，这就是德国学者胡伯（Huber）提出的“生态现代化”的理论。生态现代化，指现代化与自然环境的一种互利耦合，是全世界现代化的生态转型。欧美等发达国家已大体做到了这一点，基本实现了经济增长速度超过了环境压力增长的趋势。

第三阶段，以中国为代表的发展中国家走向生态现代化之路。我们在经济高速增长、实现现代化的过程中，同时也要走生态现代化之路。也就是说，在“工业、农业、国防、科技”四个现代化之外，再加一个“生态现代化”，即五个现代化。计划到 2050 年左右基本实现这一目标，使我国经济发展与环境退化完全脱钩，人居环境完全达到主要发达国家的水平。

生态现代化的保证是先进的生态文化的建设。文化是先导、支撑和保证，生态现代化需要先进生态文化的先导、支撑和保证。《增长的极限》告诉我们：“世界不是一个命中注定的未来，而是一个选择”❶。选择就是一种态度、一种价值观、一种文化，要倡导一种“以审美的态度对待自然”“够了就行”的文化态度，代替“与自然为敌”“越多越好”的错误态度。因此，我们的当务之急不仅在于调整发展模式，而且要建设生态文化，包括生态哲学、生态伦理学、生态经济学、生态社会学、生态美学。生态文化就是一种符合社会发展方向的先进文化，发展生态文化是我们的责任所在。

五、生态文明建设对中国的现实紧迫性

（一）中国作为资源环境紧缺型国家面临越来越大的环境和资源压力

过去我们一直讲中国地大物博，其实中国的环境资源压力空前巨大，甚

❶ ［美］德内拉·梅多斯等：《增长的极限》，李涛、王智勇译，机械工业出版社 2006 年版，第 257 页。

至成为我国实现现代化的“瓶颈”。中国14亿人口，占世界人口的1/5，森林覆盖率却只有20%，达不到世界人均（30%）的水平；全国人均淡水量是世界人均的1/4，北方只有1/18，山东是1/10；我们荒漠化的土地相当于14个广东省，而且在呈现不断扩大的趋势。我国的生态足迹有限，中国的基本矛盾，除人民日益增长的美好生活需要和不平衡不充分的发展之间的矛盾之外，还有人民日益增长的物质文化需求同环境、生态和资源之间的矛盾。

（二）最近以来，我国环境问题越来越严重，直接威胁到现代化建设的成败和人民的生存状态

近四十年来，我国实行了规模宏大的现代化事业，国家繁荣，人民富裕，取得了巨大进步，同时也付出了巨大的环境代价，环境问题愈加严重。2007年12月21日《光明日报》报道：据权威部门统计，我国每年因环境污染造成的经济占据GDP的比例十分惊人。而权威人士则更加深刻地指出，发达资本主义国家几百年中出现的环境问题在我国二十年中一下子发生了，事故频发，问题严重。而且，由于发展模式的影响，我国还不适当地接受了发达国家的环境污染转移，在一定程度上更加重了环境问题的严重性。据《纽约时报》报导，我国邯郸钢铁厂从20世纪90年代后期开始，引进了德国鲁尔的二手炼铁炼钢设备，使钢铁产量突飞猛进，现在中国的钢铁产量已经超过德国、日本和美国的钢铁产量总和。然而，伴随着这些设备的转移，环境污染也被转移。鲁尔本是高污染区，早上穿上的白衬衫晚上就变成了灰色，但现在德国鲁尔人换来了碧水蓝天，而我国的邯郸却出现了严重的环境污染问题。生活在邯郸市西边的居民一直生活在尘烟弥漫、含有致癌物质的毒气中。[1] 山东中部的某个村庄也是“癌症村”，食道癌发病率极高，原因就是村子紧邻的大汶河被附近城市的工矿企业污染。现在青壮年和孩子们都被转移出了村子，只有老年人留在那里无助地等待噩运的降临。这种情况说明，严重的环境问题不仅直接威胁到我国现代化的成败，而且直接威胁到我国人民的生命健康。

（三）资源、环境问题直接与中华民族伟大复兴的目标、与我国“以人为本”的方针相矛盾

近年来，我国GDP年均增长大致在10%左右，但若除掉因环境污染造成

---

[1] 转引自《参考消息》2007年12月22日的“世界工厂也是世界烟囱”一文。

的经济损失，增长幅度就很小了。实践证明，“先污染后治理”的道路是行不通的，因为必将付出更为巨大的代价——不仅要付出经济的代价，还要付出人民的身体健康、美好生存乃至生命的代价，这与我国科学发展观中“以人为本”的方针相矛盾。联合国规定，环境权也是一种人权，每个人都有权在美好的环境中有尊严地生活。试想一下，若没有了干净的饮用水，大家都去疯抢少量的矿泉水，为一桶水而四处奔波时，人还会活得有尊严吗？当我们因为疫情被封闭在楼上，只能通过志愿者获取一点生活用品时，在这种情况下，我们还能对自然采取那种高傲的、征服者的姿态，还能不适度地敬畏自然吗？

第二节　生态美学产生的哲学与文化背景

上一节论述了生态美学产生的社会经济背景，即人类社会从20世纪中期开始逐步地由工业文明向生态文明转型。本节论述生态美学产生的哲学与文化背景，也就是从20世纪中期开始，随着生态文明时代的到来，在文化、哲学思想领域中逐步产生了由人类中心主义到生态整体及由传统认识论到现代存在论的转型，甚至在西方思想文化领域影响很大的基督教领域也发生了生态转向及与之相伴的生态神学的产生。

一、由人类中心主义到生态整体的转型

（一）作为一种历史形态的人类中心主义及其走向

在当代生态理论的研究中，一个十分敏感的问题是有关“人类中心主义”的。因为当代包括生态美学在内的生态理论对“人类中心主义”的扬弃，常常遇到论辩者的如下诘难：在生态理论中如果不以人为中心，那么要以什么为中心呢？难道当代生态理论会与“以人为本”相悖吗？要回答这些问题就必须研究清楚作为一种理论形态上的“人类中心主义”。

任何理论范畴都是在一定的历史条件下生成和发展的，社会历史条件的变化必然促使生长其上的理论范畴发生相应的变化。同样，“人类中心主义”也是在历史中形成的，是一种历史的理论形态。众所周知，自然与人的关系是自有人类以来就有的最基本的理论观念，其中包含着人与自然孰重孰轻的各种理论观点。但迄今为止，在人们的观念中，占压倒优势的理论形态，却是18世纪工业革命中产生的“人类中心主义”观念。因为工业革命之

前，在人类漫长的历史长河中，生产力水平极为低下，人在与自然的关系中是处于劣势的。因此，对自然迷信、崇拜的蒙昧观念占据了压倒的优势。工业革命之后，科技突飞猛进，生产力迅猛发展。人类社会经济逐步由农业时代、工业时代、电子时代发展到当今的信息时代。人类控制自然的力量也迅速增长。在这种情况下，产生了以唯科技主义、唯理主义为代表的“人类中心主义”的理论观念。如果从具体的时间算，可从1769年瓦特发明蒸汽机为起点，直到20世纪60年代，一共二百多年的时间。在这段时间中出现了一股强劲的理性主义思潮及与之相伴的“人类中心主义”思潮。代表性的人物有英国著名的哲学家弗兰西斯·培根（Francis Bacon，1561—1626）。培根作为现代实验科学的始祖，十分相信科学的力量，并极力推崇，提出“知识就是力量”（Knowledge itself is power）❶。他认为科学可以破除迷信，可以影响道德，当然也可以认识自然、改造自然、统治自然。再就是法国哲学家勒内·笛卡尔（Rene Descartes，1596—1650），同样是科学与理性的推崇者。他曾在《方法论》一书中提出，凭借实践哲学就可以“使自己成为自然的主人和占有者”。他提出了极为著名的“我思故我在”，作为形而上学的第一命题。这里的“我思”，即为一个对一切都具有怀疑性并思考着的主体，进一步彰显了人的理性的决定性作用。他甚至说过：动物是无感觉、无理性的机器。另外一位启蒙思想的哲人，德国古典哲学的开山者伊曼纽尔·康德（Immanuel Kant，1724—1804），则在其著名的《纯粹理性批判》中提出了“知性为自然立法”的著名主张，重申了理性能力、人类高于自然的见解。

这些“人类中心主义”的理论观念在当时无疑起到了极大的历史作用，它不仅作为一种张扬科技力量的观点极大地推动了当时科学技术的发展，而且由于其蕴涵着的科学精神而成为启蒙运动的精神武器，极大地开启了民智。在政治上，由于理性与专制的对立，因而也起到了反封建、推进资产阶级民主化的重要作用。但任何的社会形态和理论形态都具有历史性，一旦完成了历史使命，将自己的能量释放罄尽时，就会走到自己的反面，并由此走向终结。资本主义现代化及与之相伴的“人类中心主义”观念也是如此。

从19世纪后期开始，特别是20世纪前期，由于资本不可遏止的扩张

---

❶ 在外国文学界和外国哲学界，现在一般认可的出处是培根用拉丁文写的《宗教沉思录》，另译为《沉思录》。在那本书里培根的拉丁文原文是：“nam et ipsa scientia potestases”，英译文是：“Knowledge itself is power”。见周东林：《培根名言“知识就是力量”三解》，《复旦学报》2007年第5期。

性，不仅极大地侵犯了广大工人阶级，而且极大地侵犯了自然，造成了严重的环境污染与局部的生态灾难。美国的匹兹堡、德国的鲁尔、日本的东京都曾是生态环境的重污染区。诚如美国生态女性主义哲学家卡洛琳·麦茜特（Carolyn Merchant）在《自然之死》一书的“前言”中所说：“今天，一个超出了70年代环境危机的全球性的生态危机，威胁着整个星球的健康。臭氧的消耗、二氧化碳的增多，氯氟烃的排放和酸雨，扰乱了地球母亲的呼吸，阻塞了她的毛孔和肺。大气化学家詹姆斯·拉夫洛克将这位母亲命名为‘盖娅’。有毒的废弃物、杀虫剂和除草剂，渗透到地下水、沼泽地、港湾和海洋里，污染着盖娅的循环系统。伐木者修剪盖娅的头发，于是热带雨林和北部古老的原始森林以惊人的速度在消失，植物和动物的物种每天都在灭绝。人类与地球之间迫切需要一种新的伙伴关系。”❶ 麦茜特以十分形象并饱含深情的笔触向我们描写了人类在“人类中心主义”观念指导下进行的“工业化”对地球、自然与生命带来的极为严重的灾难！这种“工业化”的步伐已经到了不得不被扼制的时候了，而与之相伴的“人类中心主义”观念也到了不得不改变的时候了。

法国哲学家福柯（Michel Foucault，1926—1984）于1966年在《词与物》一书中宣告了以工具理性为主导的“人类中心主义”哲学时代的结束，并将迎来一个新的哲学时代。福柯指出，“在我们今天，并且尼采仍然从远处表明了转折点，已被断言的，并不是上帝的不在场或死亡，而是人的终结”❷。“人的终结”，就是“人类中心主义”的终结。他进一步阐述说，“我们易于认为：自从人发现自己并不处于创造的中心，并不处于空间的中间，甚至也许并非生命的顶端和最后阶段以来，人已从自身之中解放出来了；当然，人不再是世界王国的主人，人不再在存在的中心处进行统治。”❸ 法国另一位哲学家雅克·德里达（Jacques Derrida，1930—2004）在《书写与差异》一书中运用结构主义的方法得出了一个“去中心”的“解构”的结论。他在文中揭示了一个中心既可在结构之内又可在结构之外因而并不存在的悖论，并由此得出结论说：“这样一来，人们无疑就得开始去思考下述问题：即中心并不存在，中心也不能以在场者形式去思考，中心并无自然的场所，中心并非一个固定的地点而是一种功能、一种非场所，而且在这个非场

❶ ［美］卡洛琳·麦茜特：《自然之死》，吴国盛等译，吉林人民出版社1999年版。

❷ ［法］米歇尔·福柯：《词与物》，莫伟民译，上海三联书店2001年版，第503页。

❸ 同上，第454页。

所中符号替换无止境地相互游戏着。”❶ 在德里达看来，当代社会是一个多元共生的时代，人与万物应当走向平等共生，任何“中心”都不应该存在。“人类中心主义”观念在他的“解构”的哲学范式中自然而然地走向瓦解。

“人类中心主义”的终结具有十分伟大的意义，标志着一个时代的结束，正如著名的“绿色和平哲学”宣称的那样：“人类并非这一星球的中心。生态学告诉我们，整个地球也是我们人体的一部分，我们必须像尊重自己一样，加以尊重。”❷ 这个“绿色和平哲学”还将“人类中心主义”的瓦解说成是一场“哥白尼式的革命”，足见其意义重大。

“人类中心主义”的终结是指它作为一种在人类历史上占据统治地位的哲学理论思潮的终结，但这并不意味着它在历史上不曾起过积极的作用，或者这种理论观念一无可取之处。历史已经证明，人类中心主义、主体性及资本主义工业化都曾在人类历史上起到过重大作用。可以说，人类理性的张扬、科技的进步、工业化的发展，改变了人类文明的形态、生活方式与生存方式，极大地推动了历史的进步。马克思在著名的《共产党宣言》中也充分肯定了资产阶级及其工业化。他说：“资产阶级在它的不到一百年的阶级统治中创造的生产力，比过去一切世代创造的全部生产力还要多，还要大。自然力的征服、机器的采用、化学在工业和农业中的应用、轮船的行驶、铁路的通行、电报的使用、整个大陆的开垦、河川的通航，仿佛用法术从地下呼唤出来的大量人口，……过去哪一个世纪料想到在社会劳动里蕴藏有这样的生产力呢?”❸ 在这里，马克思也充分肯定资本主义工业化以及科技力量，但这并不能说明资本主义制度及与之有关的资本主义工业化、“人类中心主义”观念具有永久有效性。马克思在《共产党宣言》中得出的历史发展趋势是：资本主义的灭亡是不可避免的。同样，与资本主义工业化相伴的“人类中心主义”理论现象的终结也是不可避免的。当然，在当前，尽管“人类中心主义”观念作为一种占压倒优势的理论观念正在趋于瓦解，但其中包含的科学精神、人文精神仍然被继承下来，在新的形势与新的理论观念中将继续加以发扬。

（二）西方现代生态理论及其论争

1. 西方现代生态理论

第一，进化论。达尔文提出“进化论”理论，以大量的科学事实论证了

❶ ［法］雅克·德里达：《书写与差异》，张宁译，三联书店 2001 年版，第 505 页。

❷ 冯沪祥：《人、自然与文化》，人民文学出版社 1996 年版，第 532 页。

❸ 《马克思恩格斯选集》（第 1 卷），第 256 页。

人是由动物，也就是灵长类动物进化而来，体质与这些动物非常相似。人的精神能力没有给达尔文留下多少深刻的、与众不同的印象。他在1871年出版的《物种的起源》一书宣布了这一观点。他还说，“高傲自大的人类以为，他自己是一件伟大的作品，值得上帝给予关照。我相信，把人视为从动物进化而来的存在物，这是更为谦虚和真实的”❶。

第二，敬畏生命。当代环境理论家阿尔伯特·施韦泽（Albert Schweitzer，1875—1965，又译史怀泽），他是生物中心论伦理学的创始人，1915年提出了“敬畏生命”的伦理观。“敬畏”一词，表示的是在面对一种巨大而神秘的力量时所产生的敬畏或谦卑意识。但他明确指出，“敬畏生命”绝不只是敬畏人的生命。他曾说过，“到目前为止的所有伦理学的最大缺陷，就是它们相信，它们只需处理人与人之间的关系”，在他看来，“一个人，只有当他把植物和动物的生命看得与人的生命同样神圣的时候，他才是有道德的”。❷

第三，生物环链。1927年查尔斯·爱顿（C. Elton）首创“食物链”一词，揭示了生物对营养物的依赖性，从而构成了相互依存的生物环链。这种环链依赖性首先开始于对太阳的依赖，进而通过植物传递给草食动物，再传递给肉食动物，最后再到人。爱顿使用了金字塔这一比喻：拥有最短食物链的最简单的有机体数量最为庞大，作为金字塔结构的基础，也最为重要。消除食物金字塔顶层的存在物——例如，鹰或人——那么，生态系统一般不会被打乱。但是，去掉了食物金字塔的基层（如植物或土壤菌），那么食物金字塔就要崩溃。完全可以想象，离开了大地、空气和水，寄生其上的非人的生命将荡然无存，人类也将随之消亡。我们可以完全想象一个没有人类的世界，但我们无法想象一个只有人类而没有其他生命的世界；同理，我们也无法想象一个只有生命存在而没有生命支持系统的世界。下一级存在是上一级存在的支持系统，人类处在金字塔塔顶的特殊位置，恰恰说明了人类的脆弱。

第四，大地伦理学。当代生态伦理学的先驱奥尔多·利奥波德（Ald-leopold，1887—1948）的著作《沙乡年鉴》（Sand County Almanac）被誉为“现代环境主义运动的一本新圣经”。利奥波德吸取了生态科学的成果，相信“大地有机体的复杂性”是“20世纪杰出的科学发现”。他认为，那种把物种区分为好物种和坏物种的观念，是人类中心主义和功利主义偏见的产物。他曾受俄国思想家彼特·奥斯宾斯基的影响，即：大自然中没有任何事物是

❶ R. 纳什：《大自然的权利》，青岛出版社1999年版，第50页。
❷ 同上，第73页。

僵死的或机械的，生命与感觉存在于所有事物之中，整体主义的基本信念是整体大于部分之和。利奥波德相信，任何一个不可分割的存在，都是一个有生命的存在物；地球是有生命的，是拥有某种类型、某种程度的生命的有机体。有此信念，便可将人与地球之间的关系理解为伦理关系。他坚持认为，“地球——它的土壤、高山、河流、森林、气候、植物及动物——的不可分割性”就是她应受到尊重的充足理由。生物共同体的完整、稳定和美丽被大地伦理学视为最高的善。人类不是存在于共同体之外或之上，而只是共同体中的一员。他曾经这样表述：“……土地伦理是要把人类在共同体中以征服者的面目出现的角色，变成这个共同体中的平等的一员和公民。它暗含着对每个成员的尊敬，也包括对这个共同体本身的尊敬。”❶ 他主张“像山一样思考”，即客观地、以整体主义方式思考，而不是只从人的立场思考。他还提出了大地伦理的价值标准：“当一个事物有助于保护生物共同体的和谐、稳定和美丽的时候，它就是正确的，当它走向反面时，就是错误的”❷。

第五，动物解放运动。澳大利亚哲学家和行动主义者彼得·辛格（Peter Singer，1946—）于1973年提出。他在《动物的解放》一文中认为，既然人与动物在生理和智商上是同质的，对快乐和痛苦的价值判断能力与感觉能力都是持平的，那么，尊重动物的“生存权利”“保护它们的自由”“禁止折磨它们”、主张种际平等、反对一切“物种歧视主义”就理应成为人类与动物“交往”的方法论准则。同样，以人与动物智商同质而等价的价值论为根据，通过把人的天赋权利无条件地赋予动物，动物在任何情况下都不应该被杀死。英国著名小说家托马斯·哈代甚至主张应该将《圣经》中的“金规则”——“你愿意别人怎么样待你，你也要怎么待别人”运用到其他物种，特别是动物身上。因为“动物不能表达它们的要求，它们不能组织起来、不能抗议、不能游行、不能施加政治压力，它们也不能提高我们良知的水平——所有这些事实都不能削弱我们捍卫它们的利益的责任意识，相反，它们的孤弱无助使我们的责任更大”❸。“动物解放运动”的参与者是一群激进的生态实践主义者，他们力主非暴力甚或是使用暴力抵制生态破坏运动。

第六，深层生态学。1973年，挪威哲学家阿伦·奈斯（Arne Naess）在《探索》杂志上发表《浅层的与深层的、长远的生态学运动：一个概要》一

---

❶ ［美］奥尔多·利奥波德：《沙乡年鉴》，侯文嘉译，吉林人民出版社1997年版，第194页。

❷ 同上，第213页。

❸ 雷毅：《生态伦理学》，陕西人民教育出版社2000年版，第92页。

文，提出了“深层生态学”的概念。“深层生态学”是针对“浅层生态学”而言的。所谓“浅层生态学”，是局限于生态、生物领域中的生态学，是1866年德国生物学家海克尔提出的，论述的主要是生物群落之间的关系。奈斯则在此基础上提出了深层生态学，他认为，浅层生态学是“人类中心主义”的，只关心人类的利益；深层生态学是非人类中心主义和整体主义的，关心的是整个自然界的利益。浅层生态学专注于环境退化的特征，如污染、资源耗竭等；深层生态学要追问环境危机的根源，包括社会的、文化的和人性的等。在实践上，浅层生态学主张改良现有的价值观念和社会制度；深层生态学则主张重建人类文明的秩序，使之成为自然整体中的一个有机部分。“深层生态学”的核心概念是“自我实现”，而其中的“自我”据他所说“是一种建立在内容更为广泛的大写‘自我’（Self）与狭义的本我主义的自我相区别的基础上的，在某些东方的‘自我’（atman）传统中已经认识到了。这种‘大我’包含了地球上的连同它们个体自身的所有生命形式。若用五个词来表达这一最高准则，我将用‘最大化的（长远的、普遍的）自我实现’！另一种更通俗的表达就是‘活着，让他人也活着’（Live and Let Live）。如果因担心不可避免的误解不得不放弃这一术语，我会用术语‘普遍的共生’替代”❶。也就是说，这个“自我”是扩大了的地球上所有生命形式的自我，也就是生态整体。这也是深层生态学追求的目标之一——人与地球上所有生命形式都能得到实现的目标。

第七，荒野哲学。由当代生态伦理学家霍尔姆斯·罗尔斯顿（Holmes Rolston）提出。他是美国科罗拉多大学的教授，也是国际环境伦理学会与该会会刊《环境伦理学》的创始人。1995年在代表作《哲学走向荒野》一书中，提出了关于哲学中的“荒野转向”（Wild Turning Philosophy）的概念。从20世纪60年代开始，环境危机加剧，“荒野”的价值与意义被提到重要议事日程上。“荒野”在罗尔斯顿的著作中是作为生态系统的自然的代名词，指原生态的环境，包括原生的自然、原野等，即“荒野”不是被人类实践所中介过的自然，而是“受人类干扰最小或未经开发的地域和生态系统”❷。哲学走向荒野，表达的是“哲学界转向对人类与地球生态系统的严肃反思”，此一转向比任何一次哲学上的转变都更出乎人们的意料。

在罗尔斯顿看来，荒野具有自组织性，具有和人一样客观的内在价值，把自然的自我创造看成是自然物具有内在价值的发生源。他明确指出：

---

❶ 雷毅：《深层生态学思想研究》，第47-48页。

❷ 雷毅：《生态伦理学》，陕西人民教育出版社2000年版，第107页。

“自然系统的创造性是价值之母，大自然的所有创造物，就它们是自然创造性的实现而言，都是有价值的。……凡存在自发创造的地方，都存在着价值。”❶ 他还运用自然的自组织理论，把作为价值主体的人看成是自然自我进化、自我组织而成的动物。“大自然不仅创造出了各种各样的价值，而且创造出了具有评价能力的人。自然是朝着产生价值的方向进化的；并不是我们赋予自然以价值，而是自然把价值馈赠给我们。”荒野的自组织性说明：“作为生态系统的自然并非不好的意义上的‘荒野’，也不是堕落的，更不是没有价值的。相反，她是一个呈现着美丽、完整与稳定的生命共同体。”❷

2. 西方现代生态理论领域的论争

目前，西方生态理论领域面临着极为尖锐激烈的论争，论争的双方坚持着生态中心主义与人类中心主义等截然不同的文化哲学立场，主要集中在以下三个问题上。

第一，生态价值问题。生态价值是当代生态哲学与生态伦理学的重要概念之一，主要讨论自然物有没有像人一样的“内在价值”。自然物具有工具性的外在价值，这是没有歧义的。但对是否具有“善恶”“好坏”这样的内在价值，却一直争论不休。一般认为，自然物没有主体性，没有自觉的目的性，因而没有善恶、好坏的内在价值。

但当代生态理论家，特别是生态中心理论家，认为自然不仅具有在生态系统中的不可缺少性，而且具有内在的合理性，因而它们具有内在价值。这是一个尖锐复杂而又颇具争议的问题。那么，接下来的问题是，“谁是自然万物内在价值的价值主体，谁又是价值的承担者”及人与自然之间究竟是否存在着伦理关系或者自然能否成为伦理主体？

不论是人类中心主义还是生态中心主义，他们都首先承认自然对人的价值，认为自然对人具有实践、审美、认知等价值属性，肯定人类作为价值主体的地位。但人类中心主义不涉及自然的“内在价值”，否认自然的“固有价值”，也就是说，自然只是人类改造的对象。而生态中心主义则认为，自然有“内在价值”，人类应当尊重自然。不过自然是无意识的，不可能作为自身价值的承担者，也就是说，它不是价值主体。这个主体只能由人来承担，这样不免又回到了人类中心主义的立场上。由是，“生态价值论”与“生态中心主义”基本理论的合法性也就出现了问题。

---

❶ ［美］霍尔姆斯·罗尔斯顿：《环境伦理学》，杨通进译，中国社会科学出版社 2000 年版，第 269–271 页。

❷ 转引自徐篙龄：《环境伦理学进展：评论与阐释》，社会科学文献出版社 1999 年版，第 54 页。

“价值与无价值的分离永远是一场试验或考验，也是一场意见或情感的斗争，在斗争中使用的是信仰或传统的力量。”[1] 事实上，自然内在价值的有无，人类无从判别，人类能判别的自然价值只能是人与自然关系中体现的人类认识的自然对人的价值。但是，自然的“内在价值”存在与否，对于人们世界观的转变，人与自然关系上的看法、行为有着指导意义。“在现实生活中，我们可以把人类中心主义视为一种具有普遍性的社会伦理标准，要求所有的人都予以遵守，而把动物解放权利论、生物平等主义和生态整体主义理解为具有终极关怀色彩的个人道德理想，鼓励人们积极地加以追求。”[2] 这就是自然“内在价值”对人们的意义。在这里，将“生态中心主义”作为一种道德理想自有其价值，但将“人类中心主义”仍然作为所有人类必须遵循的准则却是不可取的。

很明显，人类中心主义与生态中心主义的争论自然有重要意义，但两者的极端性也都十分明显。我们的立场是，人与自然共生共存，走向生态整体论。

第二，生态权利问题。“权利”是人类特有的概念。西方近代以来强调“天赋人权”，但自然物有无权利，能否接受人们的道德关怀呢？

第一种观点从仁慈的胸怀出发，关注自然物的权利，即生存状况，而且仁慈主义运动促成了第一批动物保护法的出现。1822 年，英国议会通过了《禁止虐待家畜法案（马丁法案）》，这是动物保护运动史上的一座里程碑。第二种观点是以神经感觉，痛苦的感觉作为标准，把权利扩大到动物。辛格认为，一切物种均应平等，应把人类平等所依据的伦理原则推广应用到动物身上。他还指出，感知能力（即感受痛苦或经验快意之能力）是关怀动物利益的唯一可靠界限。但动物权利论只关心动物个体的福祉，否定植物、生态系统拥有生存权利，是重大缺陷。第三种观点是天赋人权的逐步延伸。从犹太人、黑人、妇女，白痴延伸到动物，再到无机物。第四种观点从无机物成为人与动物栖息地的角度来论述权利，包括对人类有害的细菌。

从人类中心主义“天赋人权”到生物中心、生态中心论的发展轨迹来看，当代西方生态伦理学认为必须把权利主体的范围从所有存在物扩展至整个生态系统，把人与自然的关系视为一种由伦理原则来调节和制约的关系，认为自然拥有权利。我们认为，对于自然是否拥有权利、能否成为权利

---

[1] ［英］萨缪尔·亚历山大：《艺术、价值与自然》，韩东晖等译，华夏出版社 2000 年版，第 68 页。

[2] 杨通进：《环境伦理学的基本理念》，《道德与文明》2000 年第 1 期。

主体的问题还是应该从生态存在论与生态整体论的角度来思考。

第三，生态平等问题。即自然物与人、自然物之间能否享有平等的权利。当代生态哲学家是主张绝对平等的，也就是说人与万物绝对平等，人不能触动万物。但如此一来，在一些理论家看来，这就在实际上否定了人吃穿住行的生存权利，意味着人类无法生存发展。例如，美国前副总统阿尔·戈尔在《濒临失衡的地球》中说："有个名叫深层生态学的团体现在名声日隆，它用一种灾病来比喻人与自然的关系。按照这一说法，人类的作用有如病原体，是一种使地球出诊发烧的细菌，威胁着地球基本的生命机能。——他们犯了一个相反的错误，即几乎从物质主义来定义与地球的关系——仿佛我们只是些人形皮囊，命里注定要干本能的坏事，不具有智慧或自由意志来处理和改变自己的生存方式。"❶ 在这里，戈尔表现出些许的误解和偏见。生态中心主义的"绝对平等论"的确会导致戈尔所说的情况，但"生态整体主义"却不会导致这种情况的发生。首先，生态整体主义的生态平等观恰恰不是从物质的意义上来定义人与地球的关系，而是超越了当前的物质利益，从人类与地球持续美好发展的高度着眼来界定两者的关系。更为重要的是，生态整体主义之生态平等观是对人类中心主义的扬弃，而绝不是什么反人类，因为包括生态美学在内的当代许多生态理论所力主的"生态平等"，不是人与万物的绝对平等，而是人与万物的相对平等。如果是绝对平等，那么当然会限制人类的生存发展，从而走上反人类的道路，而相对平等即为"生物环链之中的平等"，人类将会同宇宙万物一样享有自己在生物环链之中应有的生存发展的权利，只是不应破坏生物环链所应有的平衡。正如阿伦·奈斯所说，生态整体主义的生态平等则是"原则上的生物圈平等主义，亦即生物圈中的所有事物都拥有的生存和繁荣的平等权利"❷。

当代，尽管人类中心主义与生态中心主义的论争非常尖锐，但历史发展的趋势却是走向两者的综合——生态整体观。这种生态整体观首先蕴含在一些持生态中心主义观念的理论家的理论体系之中。例如，大家非常熟悉的奥尔多·利奥波德就在其著名的生态哲学论著《沙乡年鉴》中提出"生态共同体"的重要观念。他认为，整个生态系统就是一个"生物金字塔"或"土地金字塔"，是一个不同部分之间协作和竞争的"共同体"，组成部分包括"土壤、水、植物和动物，或者把它们概括起来：土地"。他说："……大地伦理是要把人类以征服者的面目出现的角色，变成这个共同体中的平等的一员和

---

❶ 雷毅：《深层生态学思想研究》，第136–137页。

❷ 同上，第49页。

公民。它暗含着对每个成员的尊重，也包括对这个共同体本身的尊重。”❶ 他的“生态共同体”的思想就是建立在“生物环链”基础之上的。莱切尔·卡逊在《寂静的春天》中具体论述了这个生物环链，她说：“这个环链从浮游生物的像尘土一样微小的绿色细胞开始，通过很小的水蚤进入噬食浮游生物的鱼体，而鱼又被其他的鱼、鸟、貂、浣熊吃掉，这是一个从生命到生命的无穷的物质循环过程。”❷ 正是因为有生物环链，所以才有生态共同体的存在。只有通过生物环链，自然才能保持平衡，所以当代生态理论家大卫·雷·格里芬指出，人类“必须轻轻地走过这个世界，仅仅使用我们必须使用的东西，为我们的邻居和后代保持生态平衡”❸。从这种“生物环链”之中的相对“生态平等”出发，“生态整体”原则主张“普遍共生”与“仁爱”的原则，主张人类与自然休戚与共，人类应“以己度物”将自然视作自己的兄弟与同胞，两者构成一种“间性”关系。这种生态世界观不仅不是反人类的，反而是以人的更加美好的“生存”为出发点的，实际上是一种更加宽泛的人道主义——普适性的仁爱精神。因此，这种“生态整体主义”原则中有关生物环链中“相对平等”的观点是有理论与实践的合理性的。

由此可见，有机统一、生态整体、生物环链、大我、共生已经成为现代生态理论的重要关键词，是其理论发展的重要趋势。走向生态中心与人类中心的统一，走向生态整体是现代生态理论的历史轨迹和发展前景。

这种生态理论走向“生态整体”的发展趋势还表现在近年来西方与整个国际范围内逐渐兴起的生态人文主义。早在20世纪70年代，美国拉特格斯大学生物学教授戴维·埃伦菲尔德就曾认为，环境问题的根源可归结为“人道主义的僭妄”。他认为传统的人道主义是人类中心主义，只关注人的利益，而不关注与人的利益密切相关的自然的利益。❹ 因此，旧人文主义随着“人类中心主义”走向瓦解而必然走向解体，从而呼唤一种新的人文主义的产生。

众所周知，自启蒙主义以来，通常的人文主义是“人类中心主义”的。在此前提下，人与自然生态处于宿命的对立状态，不可能将生态观、人文观与审美观三者相统一。而新的建立在人的生态审美本性基础之上的生态人文主义则能够将三者加以统一。诚如美国明尼苏达大学生态学家、进化与行为

---

❶ ［美］利奥波德：《沙乡年鉴》，侯文蕙译，吉林人民出版社1997年版，第193页。

❷ ［美］莱切尔·卡逊：《寂静的春天》，吕瑞兰、李长生译，科学出版社1979年版，第48页。

❸ ［美］大卫-雷-格里芬：《后现代精神》，第227页。

❹ R. 纳什：《大自然的权利》，青岛出版社1999年版，第97-98页。

教授菲利普·雷加尔（Philip Regal）所说："如果说关于人类状况的知识是人文主义要义的话，那么理解人类所存在的更大的系统对于人文主义者来说就是非常重要的。……'生态人文主义'隐含着对于个体之间、个体与社会机构之间及个体与非人类环境之间关联模式的洞察。"这是雷加尔在美国2002年出版的《生态人文主义论集》中所写的话。

"生态人文主义"实际上是对人类中心主义与生态中心主义的一种综合与调和，是人文主义在当代的新发展与新延伸。众所周知，当代在生态危机日益严重的情况下出现了激进的生态主义者过分强调自然绝对价值，并与传统的人类中心主义展开激烈的争论。在这种情况下，"生态人文主义"则能克服这两种理论倾向的偏颇并将两者加以统一。而"生态人文主义"得以成立的根据就是人的生态审美本性。也就是我们上文所说，人天生具有一种对自然生态亲和热爱并由此获得美好生存的愿望。这种"生态人文主义"正是新的生态审美观建设的哲学与理论依据，实际上是生态文明时代的一种新的人文精神，是一种包含了"生态维度"的更彻底、更全面、更具有时代精神的新的人文主义精神，也可叫作生态人文主义精神。

在此前提下，新的生态审美观包括两个层面的内涵。从文化方面来说主要是人的相对价值与自然的相对价值的统一，这也是我们通过"生态人文主义"对绝对生态主义与人类中心主义的一种调和。因为绝对的生态主义主张自然生态的绝对价值，必然导致彻底否定人的需求与价值，从而走向对于人的否定，这是一条走不通的道路。而"人类中心主义"则将人的需求与价值无限制扩大，从而造成对自然生态的严重破坏。历史已经证明，这必将危害人类自身的利益，也是一条走不通的道路。正确的道路只有一条，那就是在生态人文主义的原则下只承认两方价值的相对性并加以统一。这才是一条"共生"的可行之路。在这种"共生"原则的指导下，在社会发展上贯彻社会经济发展与环境保护"双赢"的方针，走建设环境友好型社会之路。而在代际关系上贯彻代际平等原则，兼顾当代与后代利益，真正做到可持续发展。

二、海德格尔存在论哲学的提出——由传统认识论到当代存在论的转型

1831年，黑格尔逝世，标志着西方古典哲学的终结。传统的以主客二分为特点的认识论哲学也逐步走向终结，并最终被当代存在论代替。马丁·海德格尔（Martin Heidegger，1889—1976）是当代德国著名哲学家之一，也是当代存在论哲学的创立者。他的《存在与时间》的出版标志着当代存在论哲

学逐步成熟并取代传统认识论。海德格尔的哲学思想大体以 1936 年为界，分前后两期。前期由于强调此在的优先地位，在某种程度上被学界认为有人类中心主义的倾向，后期则真正地走向生态人文主义。海德格尔的存在论哲学在西方生态理论中具有重要的地位。因为只有在存在论哲学的理论基础之上，人与自然、人文观与生态观才能得到真正的统一，所以当代西方生态理论家常常将海德格尔称作生态理论的重要先驱与形而上的生态理论家。迈克尔·齐尔曼（M. Zimmerman）认为，人们之所以把海德格尔看成是深层生态学的先驱，是因为海德格尔提出了一种更高的“人道主义”。这种更高的人道主义超出了与统治自然相联系的人类中心主义和二元论的人道主义，使人类真正的“居住”成为可能，这种真正的居住是与让事物作为事物所是的事物而紧密相连的。❶ 海德格尔存在论哲学的提出对生态美学的启发和贡献主要表现在以下四个方面。

（一）理论基础：生存论存在论

1. 人在世界之中：人与自然和谐共在的理论基础

海德格尔关于此在与存在关系的探讨，显示了人与自然和谐共生、共在的生态整体观，为克服“人类中心主义”奠定了哲学基础，为美学的存在论转向提供了理论依据。

海德格尔提出了“此在与世界”存在论的在世模式，用以取代“主体与客体”的传统认识论在世模式，从而为人与自然的统一奠定了哲学基础。这是由传统认识论到当代存在论的过渡，标志着人与自然和谐共生理论基础的建立。

众所周知，认识论是一种人与世界“主客二分”的在世关系，在这种在世关系中，人与自然从根本上是对立的，不可能达到统一协调。而当代存在论哲学则是一种“此在与世界”的在世关系，在世作为此在生存的基本结构是此在的先验规定，它表示的此在与世界的关系不是空间的关系，而是比空间关系更为原始的此在与世界浑然一体的关系。只有这种在世关系才提供了人与自然统一协调的可能与前提。他说：“主体和客体同此在和世界不是一而二二而一的。”❷ 这种“此在与世界”的“在世”关系之所以能够提供人与自然统一的前提，就是因为“此在”，即人的此时此刻与周围事物构成的关系性的生存状态，此在就在这种关系性的状态中生存与展开。这里只有

❶ 雷毅：《深层生态学思想研究》，清华大学出版社 2001 年版，第 69 页。

❷ ［德］海德格尔：《存在与时间》，陈嘉映、王庆节合译，北京三联书店 2006 年版，第 70 页。

"关系"与因缘，而没有"分裂"与"对立"。诚如海德格尔所说，"此在"存在的"实际性这个概念本身就含有这样的意思：某个'在世界之内的'存在者在世界之中，或说这个存在者在世；就是说：它能够领会到自己在它的'天命'中已经同那些在它自己的世界之内向它照面的存在者的存在缚在一起了"❶。他又进一步将这种"此在"在世之中与同它照面并"缚在一起"的存在者解释为是一种"上手的东西"。犹如人们在生活中面对无数的东西，但只有真正使用并关注的东西才是"上手的东西"，其他则为"在手的东西"，即此物尽管在手边但没有被使用与关注，因而没有与其建立真正的关系。他将这种"上手的东西"说成是一种"因缘"。他说"上手的东西的存在性质就是因缘。因缘中包含着：一事因其本性而缘某事了结"❷。这就是说，人与自然在人的实际生存中结缘，自然是人的实际生存的不可或缺的组成部分，自然包含在"此在"之中，而不是在"此在"之外。这就是当代存在论提出的人与自然两者统一协调的哲学根据，标志着由"主客二分"到"此在与世界"及由认识论到当代存在论的过渡。正如当代生态批评家哈罗德·弗洛姆所说，"因此，必须在根本上将'环境问题'视为一种关于当代人类自我定义的核心的哲学与本体论问题，而不是有些人眼中的一种围绕在人类生活周围的细微末节的问题"❸。

2. 诗意地栖居：生态美学的审美理想

人与自然的共生、共在的和谐关系是生态美学构建的理论出发点。海德格尔称之为"诗意地栖居"。"诗意地栖居"这一著名的当代存在论美学命题，标志着当代存在论美学特有的时代性和理论深刻性。海德格尔于 1943 年为纪念诗人荷尔德林逝世 100 周年写作了《追忆》一文，对荷尔德林的诗歌进行了"追忆"，借用荷氏的一句诗"充满劳绩，然而人诗意地、栖居在这片大地上"，并对之阐释道："一切劳作和活动、建造和照料，都是文化。而文化始终只是并且永远就是一种栖居的结果。这种栖居就是诗意的。"❹ 实际上，"诗意地栖居"是海德格尔存在论哲学美学的必然内涵。他在论述自己的"此在与世界"之在世结构时就论述了"此在在世界之中"的内涵，包含着居住与栖居之意。他说："'在之中'不意味着现成的东西在空间上'一个

❶ ［德］海德格尔：《存在与时间》，陈嘉映、王庆节合译，北京三联书店 2006 年版，第 65-66 页。

❷ 同上，第 98 页。

❸ ［美］哈罗德·弗罗姆：《从超验到退化：一幅路线图》，载《生态批评读本》，美国佐治亚大学出版社 1996 年版，第 38 页。

❹ ［德］海德格尔：《荷尔德林诗的阐释》，孙周兴译，商务印书馆 2000 年版，第 107 页。

在一个之中’；就源始的意义而论，‘之中’也根本不意味着上述方式的空间关系。‘之中’［in］源自 innan-，居住，habitare，逗留。‘an［于］’意味着：我已住下，我熟悉、我习惯、我照料；……我们把这种含义上的‘在之中’所属的存在者标识为我自己向来所是的那个存在者。而‘bin’［我是］这个词又同‘bei’［缘乎］联在一起，于是‘我是’或‘我在’复又等于说：我居住于世界，我把世界作为如此这般熟悉之所而依寓之、逗留之。”❶ 由此可见，所谓“此在在世界之中”就是人居住、依寓、逗留，也就是“栖居”于世界之中。

“栖居”同样有“持留”“逗留”之意，同时有“满足”“被带向和平”“在和平中持留”“自由”的词源根基，可以引申出“防止损害和危险”“保护”的含义。“栖居，即被带向和平，意味着：始终处于自由之中，这种自由把一切都保护在其本质之中。栖居的基本特征就是这样一种保护。”❷ 可以看出，海德格尔对“栖居”的理解是从“在之中”的生存论建构开始的，在“逗留”“依寓”的基础上，把“栖居“的本质引向自由、保护，从此在的生存建构（即人的本质）引向“使某物自由”“保留某物的本质”的存在论之思，从中可以明显地窥探出海德格尔运思的轨迹。人的栖居是一种保护，“拯救大地、接受天空、期待诸神、护送终有一死者——这四重保护乃是栖居的素朴本质”❸，此在在生存建构中依世界而居，在成为真正的人、归本（归于人的本质）的同时，有守护、照料的责任，这责任就在此在存在的本质之中，或者说就是人的生存，这的确是海德格尔思想中最为卓绝的洞见。因为守护世界，亦即守护此在之生存自身，“只有当我们从自身而来亲身保持那个守持我们的东西时，使我们守持在本质中的东西才能守持我们”❹，所以海德格尔能够也必然会得出“人是存在的看护者”的结论，而这一切，在此在的生存论分析中已有迹象，有待思的端倪已经显露，这正是当代生态美学观的重要旨归。

3. “天地人神四方游戏说”：审美化生存的必由之路

“天地人神四方游戏说”，是海德格尔提出的重要的生态美学观范畴，是作为“此在”之存在在“天地人神四方世界结构”中得以展开并获得审美化

❶ ［德］海德格尔：《存在与时间》，陈嘉映、王庆节合译，北京三联书店 2006 年版，第 63-64 页。

❷ ［德］海德格尔：《演讲与论文集》，孙周兴译，北京三联书店 2005 年版，第 156 页。

❸ ［德］海德格尔：《存在与时间》，陈嘉映、王庆节合译，北京三联书店 2006 年版，第 167-168 页。

❹ 同上，第 136 页。

生存的必由之路。

“天地人神四方游戏说”是海德格尔在慕尼黑库维利斯首府剧院举办的荷尔德林协会演讲报告中提出的。他说“天、地、神、人之纯一性的居有着的映射游戏，我们称之为世界（Welt）。世界通过世界化而成其为本质”❶。他在《物》的演讲中，以一个普通的陶壶为例说明了“四方游戏说”。他认为，陶壶的本质不是表现在铸造时使用的陶土，而是表现在壶之虚空及其虚空给出和容纳的赠品之中。此一容纳是聚集，它表现了物在存在关系中自行前来：“在赠品之水中有泉。在泉中有岩石，在岩石中有大地的浑然蛰伏。这大地又承受着天空的雨露。在泉水中，天空与大地联姻。在酒中也有这种联姻。酒由葡萄的果实酿成。果实由大地的滋养与天地的阳光所形成”。又说“在倾注之赠品中，同时逗留着大地与天空、诸神与终有一死者。这四方是共属一体的、本就是统一的。它们先于一切在场者而出现，已经被卷入一个唯一的四重整体中了”。❷ 于是，壶和人与神结缘，呈现出作为存在者之存在的丰富的存在特性。如此我们才能理解海德格尔的话：“壶之为器皿，并不是因为被制造出来了；相反，壶必须被制造出来，是因为它是这种器皿；”❸ 壶中倾注的赠品泉水或酒包含的四重整体内容与此在之展开密切相关，是“此在”在世界之中的生存状态，是人与自然的如婚礼一般的“亲密性”关系，作为与真理同在的美就在这种“亲密性”关系中得以自行置入，走向人的审美化存在。

对于人、世界与物的关系，海德格尔说，“唯有作为终有一死者的人，才在栖居之际通达作为世界的世界。唯从世界中结合自身者，终成一物”❹。因此，“大地之为大地”，与“世界之为世界”“人之为人”一样，都可以看作是此在的生存论建构——也只有在此在的生存论存在论上才可以彻底摆脱表象化带来的厄运。在这个意义上，我们才可以理解海德格尔所说的“人作为终有一死者在栖居中让大地成为大地”的意义。当人返乡归本、真正栖居之际，大地的拯救、天空的接受、诸神的期待和终有一死者的护送，这一四重整体的本质才可以得到保护，或用海德格尔的话说就是“在拯救大地、接受天空、期待诸神和护送终有一死者的过程中，栖居发生为对四重整体的四重保护”❺。

---

❶ ［德］海德格尔：《演讲与论文集》，孙周兴译，北京三联书店 2005 年版，第 188 页。

❷ 同上，第 180-181 页。

❸ 同上，第 175 页。

❹ 同上，第 191-192 页。

❺ 同上，第 159 页。

“于是就有四种声音在鸣响：天空、大地、人、神。在这四种声音中，命运把整个无限的关系聚集起来。但是四方中的任何一方都不是片面地自为地持立和运行的。在这个意义上，就没有任何一方是有限的。或没有其他三方，任何一方都不存在。它们无限地相互保持，成为它们之所是，根据无限的关系而成为这个整体本身。”❶ 这就说明，当代美学的发展仅突破主客二分的思维模式、由认识论进入存在论还是远远不够的，还必须进一步突破“人类中心主义”的哲学观，进入到“生态整体主义”的哲学高度。

（二）方法论根据：现象学

海德格尔的当代存在论对传统认识论哲学进行了深入的批判。他认为，传统认识论最主要的弊病是遵循“主客二分”的思维模式，将存在与存在者分裂开来，从而导致对事物真理的“遮蔽”。他具体分析了笛卡尔“我思故我在”的传统理性主义认识论的命题。他说：“笛卡尔发现了‘cogito sum’（我思故我在），就认为已为哲学找到了一个可靠的新基地。但他在这个‘基本的’的开端处没有规定清楚的正是这个思执的存在方式，说得更准确些，就是‘我在’的存在的意义。”❷ 又说，“笛卡尔把‘我思’同‘肉身’区别开来。这种区别后来在存在论就规定了‘自然与精神’的区别”。也就是说，他认为笛卡尔作为传统的理性主义认识论理论家最大的失误在于将“我思”与“我在”相隔离，最后必然导致存在与存在者及自然与精神的分裂。与之相反，海德格尔认为，存在者只是具体的事物，而存在则是事物在阐释中逐步由遮蔽到澄明的过程，两者不能硬性地加以割裂。这种存在者与存在的存在论差异，只有通达现象学的方法才有可能得以穿越。

现象学于 20 世纪初出现在德国，由胡塞尔（Edmund Husserl，1859—1938）创立。胡塞尔的《逻辑研究》代表着当代现象学的出现，它最重要的贡献是揭示出了一种新的哲学思考方法的可能，或一个看待哲学问题的更原初的视野。通过将一切实体（客体对象与主体观念）加以“悬搁”的途径回到认识活动最原初的“意向性”，使现象在意向过程中显现其本质，从而达到“本质直观”，也就是“现象学的还原气在这个过程中主观的意向性具有巨大的构成作用”，因此，“构成的主观性”成为胡塞尔现象学的首要主题。胡塞尔在著名的《笛卡尔的沉思》中提出重要的“主体间性”观念，也就是在意向活动中，“自我”与自我构造的现象都是同格的，因而意向性中的一

---

❶ ［德］海德格尔：《荷尔德林诗的阐释》，孙周兴译，商务印书馆 2000 年版，第 210 页。

❷ ［德］海德格尔：《存在与时间》，陈嘉映、王庆节合译，北京三联书店 2006 年版，第 28 页。

切关系都成为“主体间”的关系。

海德格尔深化和改造了胡塞尔的意向构成结构中的“边缘域”，使之获得了存在论的含义，成为存在论现象学。他将胡塞尔先验主体构造的意识现象代以存在并使现象学成为对于存在意义的追寻。事实本身并非是将从其与人、与世界的关联中抽取事物，而毋宁说是返回到其所源发从出的境域中去，以便将其从人与世界原初关联着的视域中呈现其存在的意蕴。这样，所谓“面向事实本身”就成为“回到存在”，而悬搁的则是存在者。正是这久已被人遗忘了的、无人问津的“存在”才是现象学作为专题收入其中的东西。“就课题而论，现象学是存在者的存在的科学，即存在论。”❶“无论什么东西成为存在论的课题，现象学总是通达这种东西的方式，总是通过展示来规定这种东西的方式。存在论只有作为现象学才是可能的。”❷这样存在论与现象学“这两个名称从对象与处理方式两个方面描述哲学本身”❸。也就是说，在海德格尔看来，存在问题的研究要求以现象学为手段，而现象学原则自身又要求以存在问题为本源和旨归，二者共生共容，共同构成哲学本身。这样，在以现象学方法论为根据的参照下，“回到人的存在”就是回到人的原初、回到美学的真正起点。

（三）思想资源：关于技术的沉思

在技术时代语境下，现代技术既是思的障碍，注定要被思所克服和扬弃的，又是哲学转向的明证和最终可能性。人们对技术的反思，其实是人类当下生存困境在思想上的显现，因而是不可回避的。海德格尔对技术的沉思，不是反对技术，而是试图洞悉技术的本质。

1. 始源技术：作为存在之揭蔽方式之一

在希腊人眼里，技术不仅仅是手段，而是让事物就其自身而自然涌现的显现方式。在这种显现或揭蔽中，人、自然、世界的整体性关联仍存在。它把存在揭示为“在场”，但这个“在场”是时机化涌现的在场，绝非是永恒持存的在场。海德格尔说：“技术是存在论意义上的现象，从本质上比作为主体的人更有缘构性，也因此更有力、更深刻地参与塑成人的历史缘在境域。”❹

---

❶ ［德］海德格尔：《存在与时间》，陈嘉映、王庆节合译，北京三联书店2006年版，第44页。

❷ 同上，第42页。

❸ 同上，第45页。

❹ 参见张祥龙：《海德格尔传》，商务印书馆2007年版，第286-296页。

2. 现代技术的本质：集置（Ge-stell）

海德格尔的生态存在论审美观包含着极为丰富的内涵。他首先无情地批判了西方现代由技术的“促逼”形成的人类中心主义。他说：“这片大地上的人类受到现代技术之本质连同这种技术本身的无条件的统治地位的促逼，去把世界整体当作一个单调的，由一个终极的世界方式来保障的，因而可计算的贮存物（Bestand）来加以订造。向着这样一种订造的促逼把一切都指定入一种独一无二的拉扯之中。这种拉扯的阴谋诡计把那种无限关系的构造夷为平地。那四种命运的声音的交响不再鸣响。”❶ 所谓现代技术的“促逼”，就是人类滥用技术，无限制地掠夺和破坏自然形成的“支配性暴力”，即强大的压迫，结果是把人与自然之间和谐的“无限关系的构造夷为平地”，而“天地神人四方游戏”的“那四种命运的声音的交响不再鸣响”，这就必然导致人类试图对宇宙空间加以“订造”的“人类中心主义海氏”指出：“欧洲的技术——工业的统治区域已经覆盖整个地球。而地球又已然作为行星而被带入星际的宇宙空间之中，这个宇宙空间被订造为人类有规划的行动空间。诗歌的大地和天空已经消失了。谁人胆敢说何去何从呢？大地和天空、人和神的无限关系似乎被摧毁了。”❷

现代技术集置遭遇的尽是人的碎片和符号，一切实存物都被抽象为一种可计算的市场价格。人成为世界主体，世界沦为对象化的客体。无止境的开发不仅使自然得不到应有的庇护，人本身也失去了保护，在现代技术按部就班的运转中随时被替代。

生态美学致力于改善人与自然之间不断恶化的紧张关系，必须要彻底反思现代技术。反思的目的不在于反科学、反技术，而在于深入其根源处洞察技术的本质和奥秘，以便为超越、克服现代技术提供某种可能。海德格尔关于技术的沉思，无疑是生态美学最重要的思想资源之一。

（四）时间的视域

（1）时间的引入，是海德格尔最重要的理论贡献，具有划时代的意义。

（2）后期存在之思中，之所以把语言、诗和艺术的揭蔽与技术揭蔽对立起来，是因为在语言、诗和艺术带来的切近中包含着原初的本源时间；而本真的诗、艺术之所以重要，是因为在揭蔽中保藏了存在涌现的机缘、天命及原初经验。

---

❶ ［德］海德格尔：《荷尔德林诗的阐释》，孙周兴译，商务印书馆 2000 年版，第 221 页。

❷ 同上，第 218 页。

(3) 形而上学遗忘和掩盖了本源时间，技术成了现成化的技术。这并非意味着它没有自己的时间观，而是说形而上学以遗忘存在涌现之时机（本源时间）为前提，或从存在之本源时间中抽离出来，执守于无机缘的现在当下。因为对存在的遗忘和对本源时间境域的抽离，现代技术不能回到存在涌现的时机（境域）之中，反而借助这种遗忘与脱离，把存在者当成存在本身，执著于无时机的现成化，掩盖了人与自然时机性的关联，在对存在者的把捉（研究、挖掘）中不断耗尽存在者的本质。

(4) 返回境域性、时机化的本源时间，是生态美学在研究与构建中取得突破的最重要的路向之一。

生态美学提出的现实基础，是现代技术对生态肆无忌惮的破坏引起的全球性的生态危机现状。它提出的理论前提是传统形而上学对存在的遗忘而导致的认识论对存在论的褫夺。生态美学的提出就是要反思在现代技术条件下人与自然关系的恶化及其根源，扭转认识论框架下美、审美的传统观念，构建人与自然之间和谐的、审美的生态关系。

遗忘或者说褫夺本源时间，而沉浸到庸常时间（物理时间）的现在序列之中，把一切（事、物）都看成是平板的和现成的状态，是传统形而上学和现代技术的一个非常重要的特征。因此对它们的反思也必须从它们遗忘和掩盖的时间入手。这样才能在根本上克服或扭转它们对美、审美问题造成的缺陷与不足。

大量事实证明，海德格尔存在论哲学观的形成，特别是后期由人类中心主义彻底转变到生态整体与东方文化，与接受中国道家思想密切相关。许多文献也证明，海德格尔从20世纪30年代起已经能够比较熟练地运用老庄的道家思想。海德格尔关于“天地神人四方游戏”的生态思想与《道德经》第二十五章“故道大，天大、地大、王亦大、域中有四大，而王居其焉”一脉相承；他还用老子的“知其白，守其黑”来阐释“由遮蔽走向澄明”的思想；用老子“三十幅共一毂，当其无，有车之用”来说明“存在者”与“存在”的区别，也就是说，他以车轮因辐条汇集形成空间方能转动来比喻存在是不在场的因而才能有用；用老子的“道可道，非常道”来说明“道说不同于说”；用庄子的“无用之大用”说明“居住着”是不具功利性的。用庄子与惠子游于濠梁之上谈论鱼之乐的对话，来比喻站在通常的立场上无法理解水中自由游泳的鱼之乐，而只有从存在论的视角才能体味到这一点，由此说明存在论和认识论的区别等。他在《从一次关于语言的对话而来》一文中说道：“运思的经验是否能够获得语言的某个本质，这个本质将保证欧洲——西方的道说与东亚的道说以某种方式进入对话之中？”在此对话中，形成了中西古今交流对话中的“源出于唯一源泉的东西就在这种对话中歌唱。”[1] 我国的哲学家也将海德格尔美学中的生态观念说成是“老子道论的异乡解释”。

第三节　生态美学观的内涵

生态美学就是生态学与美学的一种有机结合，是运用生态学的理论和方法研究美学，将生态学的重要观点吸收到美学之中，从而形成一种崭新的美学理论形态，是一种人与自然和社会达到动态平衡、和谐一致的处于生态审美状态的崭新生态存在论美学观。

一、生态存在论美学的基本范畴

（一）“诗意地栖居”

“诗意地栖居”主要指人生活在世界之中，人类要与自然和世间万物构建起友好亲密的和谐关系，使人类达到一种极具诗意的生存方式。“诗意地栖居”是海德格尔在《追忆》一文中提出的，海德格尔提出的“诗意地栖居”思想非常具有创新性，过去人们更多是在审美中讲赏心悦目，极少从生存的方面讲审美问题。海德格尔从存在论的视域分析，阐述人类的“栖居”问题，为“诗意地栖居”思想奠定了哲学基础。海德格尔认为，在 20 世纪，资本家为了获得更多的利润，大力开发使用一些新的技术手段，大量消耗自然资源，严重污染环境，“技术的栖居”对人类形成的“促逼”造成人类生存环境的恶化，主张构建“诗意地栖居”的生存环境，海德格尔为“诗意地栖居”目标的实现指明了方向，主张要摆脱人类对大地的征服和控制，要拯救大地，爱护自然。

（二）“四方游戏说”

“四方游戏说”是生态存在论美学思想的范畴之一，海德格尔于 1950 年在《物》的演讲中，比较系统地阐述了“天地神人四方游戏说”。海德格尔以一个壶为例，巧妙地阐述了天、地、神、人四个方面之间的关系，以壶中倾注的赠品来说明壶的本质，认为赠品直接与人的生存有关，能起到滋养人的生命的作用，赠品中的泉水可以为人解渴，酒可以用于祭祀活动，使人与

[1] ［德］海德格尔：《在通向语言的途中》，孙周兴译，商务印书馆 2004 年版，第 93 页。

神都以自己的方式在天地之间依寓、逗留，赠品中交融着四方游戏的内容，让四方在看似极其普通的“壶”之中得以统一于一体。海德格尔的天、地、神、人四方中的每一方都映射着另外三方的现身本质，这四方都从自身而来，形成统一的整体。四方具有关联性，是一个动态由遮蔽到澄明的过程，美在天、地、神、人四方整体之中逐步得以展开，人作为天、地、神、人四方之一，应摒弃生态中心主义和人类中心主义，人与万物处于平等协调的关系之中，人在与另外三方交往中更好发挥自己的作用，构建起人与自然的和谐友好关系。

(三) 家园意识和场所意识

家园意识是生态美学思想的重要范畴，是它对人们“失去家园”现象特殊关注的结果。现代社会人们的工作和生活压力使人们处于高度精神紧张状态，使人们与家人团聚享受天伦之乐的时间比较少。人们普遍有一种追求原生态和寻找家园的情怀。家园意识的形成有其丰富的理论渊源，既是对海德格尔等西方思想家家园意识的借鉴，也是对中国传统文化的继承。我们对家园意识内涵的理解是从两个层面展开的，浅层次的家园意识主要指维护人类生存家园和保护生态环境，深层次的家园意识意味着人的本真存在的回归和解放，有着“返乡”和“回归”之意，表达了人们对家乡的依恋和游子们思念家乡之情。

二、生态整体主义的美学观

(一) 以整个生态系统为研究对象

生态美学观以整个生态系统作为研究对象，研究整个生态系统的美。“自然美”是不能独立于人而存在的，而存在于人与自然万物的统一整体之中，存在于人类实践活动之中，存在于真理逐步显现的过程之中。当然，生态系统的美是包含着自然的，但绝不是“自然全美”。“自然”具有审美价值，但又不能单独成为审美对象，必须有人的参与，生态审美是人的审美感受，是生态系统中的美，生态美学的研究对象是人与自然、社会及人自身动态平衡的整个生态系统，这个生态系统是包括人在内的。反对“生态中心主义”，主张包括人在内的万事万物都有各自的价值，都处于平等的地位，当然，人与自然界的其他生命之间的平等是相对的，是在一个各自都能自由、稳定和长远发展的基础上的平等，人类仍然可以拥有在自然界的生存和发展的空间，只是强调人类的生存和发展必须遵循自然规律，让自然界有自我恢复和维持平衡的能力，不要破坏自然界的原有平衡。

生态美学中生态系统的美包含着人的因素，但必须与“人类中心主义”划清界限，认识到“移情论”“如画风景论”“人化自然论”等观点的局限性。“移情论”主张所有的审美活动都是人将自己的情感和意志移植到对象而产生的，完全否定审美过程中自然本身拥有的审美属性，这是一种唯心主义思想，西方的“如画风景论”是从“人类中心主义”的视域来审视自然生态，将其作为一幅幅呈现在人们面前的风景画来欣赏，这与生态美学的研究对象是整个生态系统这一美学思想内涵相背离，是不科学的。

（二）揭示人的生态审美本性

人的生态审美本性表现为人对自然的亲和与审美方面，生态内涵可从生态存在论的角度概括为三个方面：一是人的生态本源性，人类来源于自然，是自然界长期发展进化的结果，人类的生存和发展都依赖于自然，自然是人类的生命源泉，是人类获取幸福生活的重要保障。二是人的生态环链性，整个生态环链是一个相互联系、相互作用的整体，人是整个生态环链中不可或缺的一环，个体的人都需要依赖生态环链而存在和发展，否则人也就必将走向死亡。人与万物都是生态环链上的一环，人与自然万物存在着共同性和亲密关系，人与自然万物是相对平等的，要给予一些野生动物生存和繁衍生息的权力。三是人的生态自觉性。人是有意识的高级动物，人的活动是在自己的意识支配下进行的，具有明显的目的性，这和一般动物的行为有着本质的区别，一般动物只顾自己的生存，生存技能更多都是本能，人类是生态环链中唯一有理性的高级动物。人不仅要考虑自身的生存和发展问题，作为整体的人还要考虑到如何自觉维护生态环链的良性循环，不仅要满足当前人的生存和发展需要，还要考虑子孙后代的生存和发展问题。人类来源于自然又高于自然，人类是生态环链的一个环节，居于生态环链的顶端，但也不能肆无忌惮地破坏自然，这必将受到大自然的惩罚。而实现生态环链的和谐就是一种生态美。

（三）在人与自然的关系上由“祛魅”到部分的“复魅”

人与自然的关系大致经历“魅—祛魅—复魅”三个发展阶段，这里的“魅”主要指人对自然要具有一种神秘感，要对自然具有敬畏之心、报恩之意，人类在不同的生产力发展条件下与自然形成的关系是有区别的，在人类生产力发展水平非常低下的情况下，人们对自然的认识不足，许多自然现象出现后，人们按照以往的经验往往都无法理解和解释，人们有时只能用某些外在的超人的东西或力量来解释，造成人们对自然界充满许多未知和盲目的崇拜，所谓的“神”“上帝”也就随之而产生。伴随科学技术的发展，人们对自然界逐步有了更多的深入的认识，自然界的神秘感逐渐减少甚至消失，人们把自然界看作征服的对象，提出“向自然开战”等一系列口号，出现对自然不加保护地利用等现象，“人类中心主义”的发展模式被更多的人接受，对自然界存在明显的“祛魅”现象。人类坚持“人类中心主义”的结果造成许多地方的森林被严重破坏，环境受到严重污染，全球在不断变暖，极端自然现象明显增多，人类受到大自然越来越多的惩罚。人类在不断反思自己的过去，认为“人类中心主义”已无法实现经济社会的可持续发展，环境污染直接影响到人自身的生活质量，因此人类要对自然抱有敬畏之心，要节约资源，要更好保护生态环境，要部分恢复自然的神圣性和潜在的审美性。

第四章　汉代思想中的生态美学蕴涵

第一节　汉代生态美学观的提出

一、汉代生态美学观内涵

中西哲学思想上的最大不同在于，西方是二元对立的主客思维模式，追求主体性，如“人是万物的尺度”“人是自然的立法者”“知识就是力量”“我思故我在”等思想观念，中国则是追求“天人合一”“万物齐一”“民胞物与”等生态美学的思维模式，追求主体间性，把人、自然、社会等都看作是相互依存、互为共生的共存关系，方克立认为，“‘天人合一’是中国哲学的最高生态智慧，是中国古代生态思想的哲学基础”[1]。现代新儒学大师钱穆、著名东方学家季羡林、著名哲学家张世英等都认为中国传统哲学是天人合一的哲学，西方传统哲学是主客二分的哲学。

因此，中国古代以“和”为美的理想追求，在美学史上构成与西方如古希腊美学分庭抗礼的格局。在西方美学史上，古希腊美学是一种外在的形式之美，呈现出一种主客二元对立的形式法则，而中国古典美学显现出的是一种宏观的宇宙观，不仅强调感性的情感形式之美，而且更偏重于一种有机的统一原则，主客相融、天人相通的统一意识，显然是一种和谐的生态审美意识。

在中国古代社会，由于社会生产力极其低下，科学水平不高，人们认识自然的能力有限，面对自然现象中种种不测风云时无法理解，于是认为人类的各种现象都是通过天命——自然现象而体现。

这些思想都体现了“天人合一”在早期先秦儒家那里已开始萌芽，它们虽然是朴素的生态智慧和意识，但显示出的是对生命本源的探求，对人生存“此在”的关照，无不具有重要的生态审美意识，对于处理人与人、自然、

[1] 方克立：天人合一与中国古代的生态智慧，社会科学战线，2003年4期，第209页。

社会等的关系具有极其重要的意义。

先秦儒家把人与自然看作是一个有机统一、其乐融融的“天人合一”观，虽然还停留在极其朴素的层面上，但它与道家“顺其自然”有所不同，儒家的这种思想仍然还是从如何为人类服务的角度出发，让老百姓“有余食”“有余用”，以便更好地维护天下太平的政治色彩。这种关系不仅在于调整人类与自然关系的层面上，而且会涉及人与人、社会、统治者的关系，具有一种更为广度的生态哲学意蕴和一种普遍的生命关怀。

王确先生认为，“在儒家文化的考察中，天人关系，实际上是人类的存在与自然之间的关系，即人类与自然之间的关系，人类要想更好地完成自身在世界整体中的使命，还必须实现‘类’的和谐，即人与人的和谐关系”❶。

诚然，我们从美所具有的本质特征来看，它是一种合规律性与目的性的统一，亦可以说是必然与自由的统一，我国古代以“和”为美，如阴、阳、风、雨、晦、明等“六气”，音乐、书法、绘画等艺术无不如此，实质上都是以“和”为美的表现，从中推演而出的人与自然、人与社会、人与人的“和谐”也是一种合规律性与合目的性的表现。

儒家认为“天地万物一体之仁”中的“仁”是人的道德木性，它要求视人如已，视物如我，以合内外，这一观念反映在人与自然的关系上，它必然要求以人类整体生存为目的，而不仅只顾个体的、局部的、眼前的利益。

“天人合一”与“人与自然”虽然存在两种不同的观点，但强调人与自然的和谐是主流，如牟仲鉴、马振铎、姜祥林、沈铭贤、方立天、蒙培元等。本文认为，“天人合一”固然具有人与自然和谐相处的生态含义，但应该更是一种极高的精神境界、价值追求和审美取向，正如王雨辰所言，“儒家‘天人合一’是种价值预设，它既是儒学德性论的深层根据，又表达了一种人文精神——道德终极关怀与对理想境界的追求，天、人相通，人与自然是内在地、有机地联结着，因而构成了儒家生态伦理的哲学根据和基本精神，并奠定了一种‘自然的道德体系’的本源性基础”❷。

不可否认，对“天人合一”虽然存在不同的看法，但它那强烈的生态伦理意识和理性精神及哲学理论基础，对于后世思想家具有十分重要的启示价值，对于摆脱当下的现代生态危机困境具有显著意义。

---

❶ 王确：《使命的自觉》，东北师范大学出版社 2000 年版，第 206 页。

❷ 王雨辰：略论儒家生态伦理的基本精神与价值取向，中南财经政法大学学报，2003 年 5 期，第 49 页。

二、先秦诸子对汉代生态美学观的影响

中国传统文化源远流长，一脉相承，历史的延续决定了文化的传承，人类的前行离不开先祖智慧的传递。任何学术观念都渗透着先哲智慧的遗风，人们不自觉地吸取前辈思维精华，在与现实的相结合中得到发扬与发展。“古为今用”的理念也许不为过时。生态美学前进的道路已经走过了从不认识—被动认识—主动认识的过程，但向前发展还是总的趋势。受其影响，儒家的天人之说从孔孟构建，途经汉唐儒家文化盛世，至宋代已经形成了比较完备的文化结构。

勤劳而勇敢的中华民族自先秦时起，就生生不息，创造了历史上灿烂辉煌的华夏文明，开辟了人类历史上卓越的光辉业绩，历时不衰，并保持为统一大国的形象，是同“天人合一”这一先民意识观念分不开的。我们知道，“天”这一概念在古代具有极为重要的崇拜象征意味，特别是在落后的农耕社会，人们把许多无法解释的现象都寄托或归根于“天意”。孔子主张对天的敬畏，认为“天”是万物的本源：

唯天为大，唯尧则之。

——《论语·泰伯篇》

天何言哉，四时行焉，百物生焉，天何言哉！

——《论语·阳货篇》

孔子强调“为仁”这一道德尺度，是为了有益于社会的稳定和能够爱人，以及用来规范和维系人与人之间的一种适中、调和的人文张力，缓解人际关系的紧张，孔子的仁者爱人，是有原则的，如同他的恨人，也是有原则的，并不是“泛爱众”，所以“为仁”还在于要能够以正确的态度去爱人和恨人：

唯仁者能好人，能恶人。

——《论语·里仁篇》

这种有原则的“爱”与“恶”，对于正确的人际关系有着重要的意义，这其实是早期的一种生态伦理审美追求。王振复认为：“在美学上，孔子所言的‘仁’，建构在人之生命的个体之间、个体与群体之间及群体之间。所谓‘仁者爱人’，是指承认人伦不平等之合理性的前提下，对人普在的‘爱’，‘仁’是对立之和谐的人伦关系的理想境界。他第一次初步建构了关于伟大人格美的审美理想，第一次从‘君子比德’的角度，以‘智者乐

水，仁者乐山’这一著名命题，触及自然美这一重要命题。”❶

在大人关系上，孟子认为天人是相通的：

尽其心者知其性也，知其性则知天矣；存其心，养其性，所以事天也。

——《孟子·尽心上》

孟子的“心性说”的独到之处，是第一次在中国思想史上提出并论述“人性本善”这一命题，推进先秦儒家关于人格美的思想进程。他认为只要知其性就可知其天，而这最终又是通过尽其心而获得的。

到了荀子的时代，儒家终于感悟到人不仅是社会的人，也是自然的人；社会不可能脱离自然而存在，社会的兴衰与人们对待自然的态度有着密切的关系：

天行有常，不为尧存，不为桀亡、万物各得其和以生，各得其养以成。

——《荀子·天论》

养山林、薮泽草木、鱼鳖、百索，以时禁发，使国家足用，而财物不屈。

——《 荀子·王制》

人不仅顺其自然规律，而且要积极主动地把握自然规律，进而改造自然更好地为人民服务。在这里，荀子一方面肯定了自然规律的客观性和不可改变的权威性，另一方面又强化了人的主体性，是儒家思想的一大突破，但荀子并不排斥人与自然的和谐关系，把“天”当作“物”来看待，认识自然不是为了敬畏而是为了更好地利用。从这意义上说，比孔子之前的思想有了很大的改善。在天人关系上，荀子认为出发点是“天人之分”，终极才是“天人合一”，他把人的主观能动作用提到了“制天命而用之”的高度，强化了人的主体性，是儒家思想的一大突破，但荀子并不排斥人与自然的和谐关系，而是提出了以“义”调节人与物的关系原则：

夫义者，由节于人而外节于万物者也。

——《荀子·列国》

先秦时期的这些思想深刻地影响了后世的思想家，紧接于后的汉代，陆贾、贾谊、董仲舒、扬雄、王充等一大批儒学思想家的学说就明显地体现了这一主流意识。

贾谊则从“仁义”的角度出发，把礼制发挥到了极点，在他看来，如果人们都依照礼法，讲究仁义，天下万物则各得所然，体现着一种“取之有时，用之有节”的生态节用意识：

❶ 王振复：《中国美学史教程》，复旦大学出版社 2004 年版，第 66 页。

故远庖厨，仁之至也。不合围，不掩群，不射宿，不涸泽。豺不祭兽，不田猎；獭不祭鱼，不设网罟；鹰隼不鸷，眭而不逮，不出颖罗；草木不零落，斧斤不入山林；昆虫不蛰，不以火田。不麛，不卵，不刳胎，不殀夭，鱼肉不入庙门，鸟兽不成毫毛不登庖厨。取之有时，用之有节，则物蕃多。

——《新书·礼》

董仲舒的天一感应学说虽然带有神秘色彩，但在以前的农耕时代，能提出这种天地人三位一体的“共生共存”的审美追求在当时却是可贵的。今天我们以历史辩证主义的眼光来看，这学说对提高人的主体性地位无疑具有重要作用，肯定天人密不可分，是一个统一的有机整体，人是天地生成的：

天生之，地养之，人成之。

——《春秋繁露·立元神》

天气上，地气下，人气在其间。春生夏长，百物以兴，秋杀冬收，百物以藏。故莫精于气，莫富于地，莫神于天，天地之精所以生物者，莫贵于人。人受命乎天也，故超然有以倚。物疢疾莫能为仁义，唯人独能为仁义；物疢疾莫能偶天地，唯人独能偶天地。……是故凡物之形，莫不伏从旁折天地而行，人独题直立端尚，正正当之。是故所取天地少者，旁折之；所取天地多者，正当之。此见人之绝于物而参天地。

——《春秋繁露·人副天数》

王充认为，人来自自然，天地既能生育万物，又能有规律地运行，表明天地具备了真善之气，和谐有序而生机勃勃的宇宙自然现象，都是人性、人的规律与自然之理会通的融合：

且夫山无林则为土山，地无毛则为泻土，人无文则为仆人。土山无麋鹿，泻土无五谷，人无文德不为圣贤。上天多文而后土多理。二气协和，圣贤禀受，法象本类，故多文彩。瑞应符命，莫非文者。

——《论衡·书解》

儒家的天人之学至宋代达到高峰，体现在宋明理学中：

天人异用，不足以言诚；天人异知，不足以层明，所谓诚明者，性与天道不见乎小大之别也。

——《正蒙·诚明》

民吾同胞，物吾与也。

——《西铭》

人与天地一物也，而人物自小之，何耶？

——《二程语录》十一

道未始有天人之别，但在天则天道，在地则为地道，在人则为人道。安有知人道而不知天道者乎？道一也，岂人道自是一道？……天地人只一道也，才通其一，则余皆通。

——《二程语录》十八

天是一个大底的人，人便是一个小底天。

——《朱子语类》六十

圣人之所以能一万物之情者，谓其圣人之能反观也。所以反观者，不以我观物也。不以我观物者，以物观物之谓也，既能以物观物，又安有我于其间哉？是知我亦人也，人亦我也，我与人皆物也。

——《观物内篇》第十二篇

总之，儒家“天人合一”思想具有广博的理论基础，特别是先秦诸子学说，从生态美学的视角看，思想文化中蕴含的天、地、人三重观念维度，将道德与审美、自然与人格有机融合，提出了道德、自然、审美和谐统一的生态美学境界，它们虽然是简单而朴素的思想学说，但那强烈的生态伦理关怀，对自然生命的怜悯，却充满哲理意味，正如李泽厚所言：“美同自然的人化分不开，没有人与自然的统一就决不会有美。”[1]在今天，我们从生态美学观的视角，运用历史主义辩证的眼光来看待，他们那种把人与世界万物视为一体的“共生共存”理念，不仅是在人与自然层面，更关键是在人与社会、人与人之间的伦理关系上更具有现实意义与价值，对于我们要认真对待生态危机、精神危机、文化危机等方面也具有重要的启示意义，使人们能重新理解人自身，改变人们的人文精神和人文状况，以实现“诗意地栖居”的美好理想！

第二节　汉代生态美学观的发展与流变

一、汉代生态美学观的总体特征

综观中国传统文化研究概况，汉代在中国学术史上具有不可质疑的奠基作用，但对生态美学的研究还相对匮乏，特别是从生态美学观的视角审视汉代文化还是相当薄弱，以往的研究者在运用生态美学观的角度审视古代文艺作品时主要集中于先秦诸子的研究，对从秦汉以后的文艺作品的挖掘仍严重

[1] 李泽厚：《中国美学史（第一卷）》，中国社会科学出版社 1984 年版，第 485 页。

不足，因而本文主要是以贾谊、董仲舒、王充为中心，梳理和勾勒汉代儒家文化中蕴含的生态美学观，从而根据其特征探索其对当下人类的影响与价值。

生态美学主要解决的是人的“此在”生存问题，即如何让人能更好地生存，如何提高人们的生活质量，如何达到“诗意地栖居”的理想境界。所以从这方面进行考察，就必须把人置于这个社会的大背景之下，研究与人生存有关的现实问题，如人与人、人与自然、人与社会等关系问题也是生态美学的关注所在，其实天人关系、人际关系的整体和谐境界最终还是在于人与自然的关系是否能得到合理、有效的解决。成复旺认为，“人的现实生存面对着外在的文化环境，即社会理性，此外，人的现实生存当然还面对着外在的自然环境，即宇宙自然”❶。也就是说，人生存于社会中，一方面得面对社会关系问题，一方面又如何面对自然环境问题，只有正确处理好这两者关系，方能达到“诗意地栖居”的理想境界！

根据张立文观点，“中国学术思潮可分为六期，即先秦学术、两汉经学、魏晋玄学、隋唐儒释道学、宋明理学、清代学术等，先秦是中国学术的原创期，两汉是中国学术的奠基期，魏晋南北朝是会通期，隋唐是融突期，宋明是造极期……。”❷从这种分期来看，正如许多研究者所言，中国传统文化是一脉相承的，秦汉学术在我国思想史上的重要地位不需多言，特别是汉代经学，虽然是先秦诸子百家之学的转向，但也是先秦诸子学的继承和发扬，吸收与融合。

汉代作为封建大一统和社会大发展的历史时期，无论是在健全封建制度、巩固多民族统一体制等方面，还是在思想文化方面皆取得了令人瞩目的辉煌成就，表现出博大的胸襟气迈和磅礴的文化格局。作为影响我国学术思想深远的儒家文化，由先秦孔孟的创建，荀子丰富与融合，极大地发展了儒家的文化传统，而汉代的儒学者如叔孙通、陆贾、贾谊、董仲舒、扬雄、王充等则在先秦儒学的基础之上，根据时代发展和对儒学的改造，使儒家学说更加适应社会现实的需要。

关于汉代学术发展的两个时期，本文沿用张立文的分法，他认为第一个时期是建立新官学的探索时期，大致从秦王朝建立前后到汉武帝即位之前，主要学术是吕不韦组织编写的《吕氏春秋》，以及黄老之学与诸子学，儒家以叔孙通、陆贾、贾谊等为代表。

第二时期为儒家经学的独尊地位的确立与衍化时期，大致从西汉中期到

---

❶ 成复旺：《中国古代的人学与美学》，中国人民大学出版社 1992 年版，第 12 页。

❷ 张立文：《中国学术通史（秦汉卷）》，人民出版社 2004 年版，第 7 页。

东汉中后期，主要学术是儒家经学的独尊和发展，主要以公孙弘、董仲舒、扬雄、桓谭、王充、王符、仲长统等为代表。

鲁枢元认为“在东方先民的生活中，自然的法则、天地的法则与社会的法则及审美的法则、艺术的法则是完全一致的。”[1]因此，本文试图从伦理、礼仪、民生、治国等方面来进行梳理，从中发掘出其中蕴含的生态智慧，因为无论是伦理道德，还是礼仪秩序，无论是天道自然观，还是以民为本，最终目标都是建立一个和谐的、秩序井然的太平世界。

因此，从生态美学观的角度研究人的生存问题，不仅应该超越人与自然的关系这一层面，而是要从人的社会理性（即人的自身修养、人与人、人与社会）进行综合考察，看它是如何达到和谐的“中和”的理想状态。从这个角度出发，本文研究分析汉代儒家思想文化的生态美学观，主要是从人的自身个性（“仁”“礼”“德”等）、人与人的关系（“伦理关系”）、人与自然的关系（“天人关系”）、人与社会的关系（“民本观”）等角度进行考察和审视。

二、贾谊的生态美学观

贾谊是汉代儒家代表人物之一，生于汉高祖七年，卒于文帝十二年（公元前 200—公元前 168 年），享年 33 岁，《史记》中把他与屈原合传，从中可以看出其内心深处的悲剧性格，在中国美学史上，对贾谊的研究极其匮乏，许多教材都忽略了他的美学价值，诸如李泽厚、敏泽、叶朗、陈望衡、王振复等主编（或著）的教材在介绍中国美学史的章节中都直接从《淮南子》过渡到董仲舒美学思想，省略了贾谊的美学价值，这不能不说是一种缺憾，但今天我们从生态美学观的角度来审视，对正处于而立之年早逝的贾谊而言，其以短暂的一生为促成一个大一统礼义中国的思想主要表现在对先秦儒家“天人合一”的生态美学思想的继承和超越。

贾谊以其短暂的一生为促成一个大一统礼义中国的诞生，为两汉文学的演进，为两汉儒家文化的形成做出了自己最大的奋勉，如其经国大体《新书》为两汉经学文化的形成铸就了宏观的视野，对当时稳定、太平、和谐的大一统社会注入了新的生机与活力，对人“此在”生存的关照，体现了他那深邃的生态审美追求意识。

王德胜认为生态美学是对人与世界关系的新反省，“美学之于生态问题

[1] 鲁枢元:《生态文艺学》，陕西人民教育出版社 2000 年版，第 69 页。

的思考主题，乃是站在一个新的关系视角上，以一种整体的价值关怀立场，对人与世界的关系做出一种有效的新的确立”❶。在我们看来，人与世界的关系问题，是一个涉及人与人、人与社会及人与自然的生态审美化问题。因此，本文以此为切入点，对贾谊的生态审美观进行考察。

（一）注重君民和谐关系的生态审美意识

生态美学是以“和谐”之美为最高理想境界的审美追求，是一种生态存在论的美学观，因而君民关系必然成为生态美学的讨论内容之一。

我们知道，儒家理想中的社会建构，是一个按照严格的等级制度组织起来的社会，但又是一个人们彼此相亲相爱的社会，一方面，个体处在同他人和谐的关系之中，通过社会得到发展；另一方面，社会又因为个体的和谐而得到推动，因此，个人与社会、君主与人民是一种其乐融融的生态之美的理想境界。

贾谊是先秦以来诸子百家的民本思想，即“民为邦本”思想的继承与融合者，也是中国古代民本思想的集大成者，以人民的利益为一切出发点是贾谊追求的宗旨，显示出人民在历史上的积极作用，真正挺起人本的精神，特别是在秦刚走向灭亡之后提出这一思想更具有特殊的意义价值，对于维护社会和谐，稳定民心具有十分重要的作用，正如他在《新书·大政上》文中所言：

“闻之于政也，民无不为本也。国以为本，君以为本，吏以为本。故国以民为安危，君以民为威侮，吏以民为贵贱。此之谓民无不为本也。”

“夫民者，万世之本也，不可欺。凡居于上位者，简士苦民者是谓愚，敬士爱民者是谓智。夫愚智者，士民命之也。故夫民者，大族也，民不可不畏也。故夫民者，多力而不可适也。呜呼，戒之哉，戒之哉！与民为敌者，民必胜之。”

“故夫诸侯者，士民皆爱之，则其国必兴矣；士民皆苦之，则其国必亡矣。故夫士民者，国家之所树而诸侯之本也，不可轻也。呜呼！轻本不祥，实为身殃。”

民安国才安，民富国才富，只有先稳定民心，让人民衣食足矣，才有可能治理天下太平，实现君民和谐“共生共存”的生态和谐之美。

此外，贾谊认为圣明君主应修德顺天爱民，正如《诗经》里的周王那样，把恩惠都施舍到禽兽身上，更何况士民呢：

---

❶ 王德胜：《美学视野中的生态问题》，江苏社会科学，2004 年 2 期，第 208 页。

《诗》曰："王在灵囿，麀鹿攸伏，麀鹿濯濯，白鸟鹤鹤。王在灵沼，于牣鱼跃。"

文王之泽下被禽兽，洽于鱼鳖，故禽兽鱼鳖咸若攸乐，而况士民乎！

——《新书·君道》

作为汉初的大政论家和思想家，秦王朝走向灭亡的惨重教训，使贾谊充分认识到法家那极端功利主义的推行，在当时以自然经济基础上发展起来的社会中是行不通的，只有强调一个社会的精神文化支柱，厘清社会主要矛盾，以民为本，讲究仁义道德和人与人之间的亲情血缘关系，以仁义礼制代替法家的酷刑严法，才能推动社会向前发展。

虽然贾谊是从守护地主阶级的立场提出"以民为本"的思想，但我们可以看到，在当时的特殊社会大背景之下，如何能安稳社会将是全民的共同意愿和理想，有谁又希望看到"重蹈秦之覆辙"的悲惨局面呢？这显然体现了贾谊那卓见和深邃和谐社会构建意识，渴望君民和谐、社会太平的生态理想之美。

（二）取之有时用之有节的生态保护意识

人与自然关系的失衡，主要是人类的理性膨胀，对自然资源的大肆掠夺和严重破坏，各种自然资源的枯竭在当下已成为人类面临的困扰之一，要实现人类的可持续发展，一方面必须努力探索出另一种资源替代的途径，另一方面更需要视当今仅存的资源为宝，更加珍惜人类仅存的自然资源。"节用观"在先秦时已经产生，贾谊对之进行了继承和超越，其实这也是"仁义"发展到了极点的表现，体现了遵循万物生长规律的自然法则：

故远庖厨，仁之至也。不合围，不掩群，不射宿，不涸泽。豺不祭兽，不田猎；獭不祭鱼，不设网罟；鹰隼不鸷，眭而不逮，不出颖罗；草木不零落，斧斤不入山林；昆虫不蛰，不以火田。不麛，不卵，不刳胎，不殀夭，鱼肉不入庙门，鸟兽不成毫毛，不登庖厨。取之有时，用之有节，则物蕃多。

——《新书·礼》

"取之有时，用之有节"对于当下缓解人与自然的生态危机无疑具有极为重要的现实意义。在今天，人类对自然的大肆掠夺已经到了令人发指的地步，如果人类一律地把自然视为"他者""工具"，忽略了其有机整体性，在生态危机横扫全球的今天，马克思在十九世纪就曾预言："在我们这个时代，每一种事物好像都包含了自己的反面。……技术的胜利，似乎是以道德的败坏为代价换来的。"他因而慨叹："一切坚固的东西都烟消云散，一切神圣的东西都被亵渎，人们最后不得不清醒地面对生活的真实状况以及他们之间的关系。”这也许能够反映出当今世界的部分现实。

我们知道，刚刚建立起来的汉初（西汉）的社会现实，由于经过秦王朝的残酷镇压，民不聊生，正如《汉书·食货志》中描述的：

“汉兴，接秦之蔽，诸侯并起，民失作业，而大饥馑。凡米石五千人相食，死者过半”，面对这样的社会现实，这是汉初统治者不得不思考的问题。贾谊认为，骄纵淫佚，奢侈浪费是国家的大祸患，因而只有节俭以积蓄，让人民丰衣足食，才能实现天下和谐：

生之有时而用之无节，则物力必屈。古之为天下者至悉也，故其蓄积足恃。今背本而以末食者甚众，是天下之大残也。从生之害者甚盛，是天下之大贼也。汰流、淫佚、侈靡之俗日以长，是天下之大祟也。残贼公行，莫之或止；大命贬败，莫之振救。何计者也，事情安所取？生之者甚少而靡之者甚众，天下之势，何以不危？汉之为汉几四十岁矣，公私之积，犹可哀痛也。故失时不雨，民且狼顾矣；岁恶不入，请卖爵鬻子，既或闻耳矣，安有为天下阽危若此而上不惊者！

——《新书·无蓄》

其实生态的节用观早在先秦时期已经萌芽，诸子认为要推进社会的进步，形成物质丰富的社会格局，一方面是由于社会现实的需要而大力发展生产，另一方面则是要注意节用，保护好可持续资源的利用开发，如孔子的“节用而爱人”、墨子的“国家贫，则语之节用、节葬”、荀子的“人生而有欲，欲而不得，则不能无求，求而无度量分界，则不能不争。争则乱，乱则穷”等体现了先秦诸子的生态审美意识，在他们看来，人的欲望如果仍然无限制地膨胀，那将会造成社会可用资源的枯竭，特别是在当时物质文明不是很发达的时代，先哲提出这一具有深刻哲理内涵的生态理念，对于理性私欲恶意膨胀的今天，建设一个生态文明的社会蓝图具有十分重要的启示意义。

对于这一节用的生态观，引起了学界众多学者的论争，有的学者认为如果按照此种理解的话，限制人的私欲理性，那么是不是会造成社会的倒退？这也就是“生态中心主义”与“人类中心主义”的长期论争。诚然，在我们看来，这种想法、这种思路的提出是积极可取的，至少在一定程度上启发了我们更加深入地思考，但他却忽略了一个前提，我们强调“生态中心主义”是以关注人的“此在”生存为出发点，以强调人与自然、与社会的共生共存为目的，是一种以人的存在为前提的生态审美观，我们前面也一再强调了生态美学是以人与社会、与自然的共生共存作为根本理想目标，最终还是要提高人们的生活质量，使人们能够“诗意的栖居”于美丽的大地！因此，强调人与自然和谐的生态节用审美意识，不是限制人的欲望，更不会造成社会的倒退。

（三）强调以礼治国的生态伦理意识

中华民族自古以来是一个礼义之邦，“仁”和“礼”是儒家的两大核心要点之一，从内含看,“仁”是儒家建立在民族血缘关系基础之上的，以尊卑长幼为主要内容的人差别的“爱”，而“礼”是一种维护“仁”的必不可少的道德准则和行为规范。在贾谊之前，以“仁义”治政的思想自先秦已有多人提出，如在陆贾看来，“仁义”主要是在吸取秦王朝走向灭亡的惨重教训，要抛弃法家那严酷的刑罚政策，奉劝当朝应缓刑宽法，对民施以仁义，方能实现天下太平、社会稳定的生态和谐之美的理想境界。

而服饰在我国具有悠久的历史传统，更是一种礼仪制度的建设，从生态美学的视角来审视人与人之间关系，特别是各种礼法，如道德、习俗、伦理等都必须有一定的原则。“无以规矩，不成方圆”，礼法制度是协衡社会和谐的一方良药，只有秩序井然，人民生活才安居乐业。

贾谊是很有充分远见谋略的政论家和思想家，在他看来，汉初盛行的“黄老无为”思想已不能适应现实的需要，要想治国，得先从“定制度，兴礼乐”入手，伦理道德自先秦以来就是社会稳定的关键因素之一，充分体现了先秦的理性和人道主义精神，同样，对于汉代而言，实现一个和谐的理想社会，也是其需要积极倡导的因素，贾谊于是先从服饰的礼法制度入手，让人们各守尊卑本分伦纪，不得超越，以达到“下不凌等则上位尊，臣不逾级则主位安。谨守伦纪，则乱无由生”的社会安定的生态理想：

> 制服之道，取至适至和以予民，至美至神进之帝。奇服文章，以等上下而差贵贱。是以高下异则名号异，则权力异，则事势异，则旗章异，则符瑞异，则礼宠异，则秩禄异，则冠履异，则衣带异，则环佩异，则车马异，则妻妾异，则泽厚异，则宫室异，……于是主之与臣，若日之与星。臣不几可以疑主，贱不几可以冒贵。下不凌等则上位尊，臣不逾级则主位安。谨守伦纪，则乱无由生。
>
> ——《新书·服疑》

在贾谊看来，德有“六理”，即道、德、性、神、明、命，彼此之间有密切的关系，而道虽无形，却是万物之本源，而诸物生于德，又在德中得以体现：

> 德有六理，何谓六理？曰道、德、性、神、明、命。此六者，德之理

也。……德有六美，何谓六美？有道，有仁，有义，有忠，有信，有密，此六者德之美也。道者德之本也，仁者德之出也，义者德之理也，忠者德之厚也，信者德之固也，密者德之高也。六理、六美，德之所以生阴阳天地人与万物也，固为所生者法也。

——《新书·道德说》

而且贾谊认为礼法是能够实现社会和谐的根本，道德、习俗、伦理、学习等方面都必须在礼的范围之内：

故仁人行其礼，则天下安，而万理得矣。逮至德渥泽洽，调和大畅，则天清澈地富煴，物时熟，民心不挟诈贼，气脉淳化，攫啮搏击之兽鲜，毒蠚猛蚼之虫密，毒山不蕃，草木少薄矣，铄乎大仁之化也。

——《新书·礼》

礼者，所以固国家，定社稷，使君无失其民者也。主主臣臣，礼之正也；威德在君，礼之分也；尊卑、大小、强弱有位，礼之数也。礼：天子爱天下，诸侯爱境内，大夫爱官属，士庶各爱其家。失爱不仁，过爱不义。故礼者，所以守尊卑之经、强弱之称者也。

——《新书·礼》

在贾谊看来，欲建立礼义为主导的生态社会，首先要对太子进行礼义教化，因为“太子正而天下定矣”，只有太子有了以礼义教化自我、教化天下的自我意识，才能够在其位自觉地以生态审美的视野审视当时的天下世俗社会，贾谊之所以倡导“礼仪之不如法令，教化之不如刑罚”，其要旨在于改变汉初之政对秦模式的历史沿袭，以实现由“法”为主到以“礼”为主的治政模式的转变，因此，自贾谊之后，西汉社会逐渐形成了一个以“礼仪”为主导的社会，显然贾谊自有重要作用，之中无不体现着他那博大的治国胸襟，渴望天下太平的生态理想意识。

因此，儒家的礼法制对于当时社会、国家的正常运转都具有极为重要的意义，我们知道，历史上这场轰轰烈烈的“焚书坑儒”运动是秦王朝灭亡的导火线，究其原因，主要是失去了儒家的礼法制度，而礼法是“固国家、定社稷”的稳定器，自然会导致社会无法运转，最终导致社会的崩溃、国家的灭亡。

三、董仲舒的生态美学观

董仲舒是汉代极具有代表性的儒家，他的“天人感应”学说在汉代乃至以后的儒家文化发展中都具有深远的影响力，今天我们从生态美学观的角度进行审视，董仲舒的思想理论仍然闪耀着极为重要的生态智慧之光。在大力倡导生态文明建设、构建和谐社会的今天，董仲舒的思想学说在处理人与人、人与自然、人与社会等关系仍然具有重要的启迪意义。

（一）董仲舒思想文化的基础

董仲舒的思想文化是沿着孔孟创立的“天人合一”思想继续向前发展，并提升到了一个新的高度，蔡镇楚认为，“董仲舒吸收了阴阳五行学说和汉代自然科学对人的生理、心理特点的新认识，在先秦儒学特别是《周易》美学的基础上，建构起以‘天人合一’‘天人感应’为核心的美学思想体系，从此，‘天人合一’的思想成为中国哲学的根本出发点，始终贯穿于中国古典美学之中，并演绎出了当今之世的‘生态伦理学’”❶。

其实董仲舒的这种理论基础仍然是先秦时期的理论，但随着时代的发展，其思想内涵也会随之发生变化，特别是融合了阴阳家的思想理论，以及对黄老之学的吸纳，“传统儒学才完成了由私家之学向官方学术的过渡”。❷

有人认为董仲舒的思想理论带有神秘色彩，如张立文认为，“董仲舒以《春秋》经传为依据提出天人感应论，但他的这种思想应该是吸收了先秦诸子中的墨家、阴阳家等的学说而附会到经学中去的，是墨家宗教神学、阴阳自然哲学和儒家社会政治伦理思想等的混合物。”❸但其实这只是一种简单的否定，我们必须要站在当时的历史语境中运用历史主义的眼光进行审视，从一定意义上说，一定时代的学术文化思想总是与一定时代的主流思想相吻合并为其服务，特别是在作为君主集权制度之下的时代，学术与政治的联系是必然的，对于当时社会现实，维护社会秩序，促进社会的和谐构建，其主要目的是“屈民而伸君，屈君而伸天”。（《春秋繁露·玉杯》）

（二）董仲舒的生态美学观

“天人感应”学说是董仲舒哲学体系的核心，是从“天”来说明“人”的问题，是一种被人格意志化的自然与人之间的感应关系。“天”在董氏看来，并不是西方基督教中的“上帝”，而是人的“曾祖父”，具有“仁”的高贵道德品质，“天，仁也”（《春秋繁露·王道通三》）是对当时社会实行儒家仁政的君主的神化形象显现，要想能够实现和谐的理想境界，只有通过

❶ 蔡镇楚：《中国文学批评史》，中华书局 2005 年版，第 23 页。
❷ 刘松来：《两汉经学与中国文学》，百花洲文艺出版社 2001 年版，第 173 页。
❸ 张立文：《中国学术通史（秦汉卷）》，人民出版社 2004 年版，第 110 页。

“天”去治理国家，节制当时统治者的私欲。因此，不管“天”如何变化，都是以符合自然规律为准则，即合人的目的性，尊“天”其实就是尊“人”。

董仲舒的“天人感应”学说主要集中于著作《春秋繁露》中，该著作也是儒家学的重要经典之一，今天我们从生态美学观的角度来进行审视，董仲舒的天道观、礼制观、中和思想等思想理论闪耀着极为重要的生态智慧之光，对于处理人与人、人与社会、人与自然的和谐，对于当下生态文明、“以人为本”的和谐社会建构无疑具有重要的现实意义。

1. 天地为万物之本的本源意识

人生在世，自然要认识自然、社会、人生，作为经学的奠基人，董仲舒认为，在这茫茫大宇宙世界中，世界上的万事万物及人类社会都是天创造的，而且他们的发展变化也是由天意决定的，但另一方面，董仲舒认为天并不直接向人们发号施令，但人们可以通过观察自然现象的变化体会天意，特别是通过那些与众不同的现象更能窥见天意：

凡择美之大体，各因其时之所美，而违天不远矣。是故当百物大生之时，群物皆生，而此物独死。可食者，告其味之便于人也，其不可食者，告杀秽除害之不待秋也。当物之大枯之时，群物皆死，如此物独生，其可食者，益食之，天为之利人，独代生之，其不可食，益畜之。天愍州华之间，故生宿麦，中岁而熟之。君子察物之异，以求天意，大可见矣。

——《春秋繁露·循天之道》

同时，他又认为人们可以通过对内心的自我反省来体会天意：

道莫明省身之天。

——《春秋繁露·为人者天》

而对于本源问题，董子认为，天地人不仅是万物的根本，而且是现实世界的构成意义的基础，即没有“天之本”，人就无从产生，就不会有一切事情的发生；没有“地之本”，人的生存就失去了资源基础，就没有物质性依托；而离开人，世界就仅为物的世界，所以天仍然是根本所在，亦是人世生活的凭依：

何谓本？曰：天、地、人，万物之本也。天生之，地养之，人成之。天生之以孝悌，地养之以衣食，人成之以礼乐，三者相为手足，合以成体，不可一无也。

——《春秋繁露·立元神》

无天而生，未之有也。天者，万物之祖，万物非天不生。

——《春秋繁露·顺命》

天者，百神之君也，王者之所最尊也。

——《春秋繁露·郊义》

在人与自然的关系上，董仲舒认为要掌握时节，善待自然，其实是对孟子的“推恩”学说作了进一步的继承与发挥，并认为要关心孤寡老人，施舍恩泽：

木用事，则行柔惠，挺群禁。至于立春，出轻系，去稽留，除桎梏，开门阖，通障塞。存幼孤，矜寡独。无伐木。火用事，则正封疆，循田畴。至于立夏，举贤良，封有德，赏有功，出使四方。无纵火。土用事，则养长老，存幼孤，矜寡独，赐孝弟，施恩泽。

——《春秋繁露·治水五行》

在当时，国君的重要地位毋庸置疑，但如何能规范其行为、限制其私欲的膨胀是颇为关键的问题，董仲舒结合当时的现实情况提出了“灾异谴告”之说，认为只要国家稍有失误的苗头，上天就出现灾害进行警告，如果仍不知改变就会出现怪异现象，以此来警示国君，有效地起到稳定社会和谐、促进社会发展的积极作用：

天地之物有不常之变者，谓之异，小者谓之灾；灾常先至而异乃随之。灾者，天之谴也，异者，天之威也，谴之而不知，乃畏之以威。诗云：‘畏天之威’殆此谓也。凡灾异之本，尽生于国家之失，国家之失乃始萌芽，而天出灾害以谴告之，谴告之而不知变，乃见怪异以惊骇之，惊骇之尚不知畏恐，其殃咎乃至，以此见天意之仁而不欲陷人也；谨案灾异以见天意，天意有欲也，有不欲也，所欲所不欲者，人内以自省，宜有惩于心，外以观其事，宜有验于国。

——《春秋繁露·必仁且智》

董仲舒认为天之美，在于大自然之美，但首先要在于“仁之美”；人类能“得天地之美”，就是要顺应自然，按照四季之变和万物生长的规律，食用各种有益于人体和身心健康的东西，实现人体之美和生命之美，总之，“天”是为了人的健康成长而生了各种对人体有益的东西，并不需要任何报酬，真正体现了天之大美的崇高之美：

天所独代之成者，君子独代之，是冬夏之所宜也。春秋杂物其和，而冬夏代服其宜，则当得天地之美，四时和矣。凡择美之大体，各因其时之所美，而违天不远矣。是故当百物大生之时，群物皆生，而此物独死，可食者，告其味之便于人也，其不可食者，告杀秽除害之不待秋也，当物之大枯之时，群物皆死，如此物独生，其可食者，益食之，天为之利人，独代生之，其不可食，益畜之，天愍州华之间，故生宿麦，中岁而熟之，君子察物之异，以求天意，大可见矣。

——《春秋繁露·循天之道》

天地之生万物也，以养人，故其可适者以养身体，其可威者以为容服。

——《春秋繁露·服制像》

这之中体现了董仲舒对生态之美的欣赏和追求，正如冯友兰所言："'天'主宰万物的作用是通过阴阳和五行之气而表现出来的。"[1] 天地的美不仅是日月星辰之美，而且是天地养育自然万物的仁德之美，也正因为如此，董仲舒的这一以自然为美的思想深刻地影响了后代文人和作家对自然的关注，成为后世文学作品的重要内容之一，如汉大赋那极力的铺陈、阔大的气势，对天地自然形态之美的追求与渲染无不深受其影响。

2. 对天人感应的生态伦理认识

礼在人们现实社会生活和道德生活中起的作用无疑是非常突出的，它不仅是个体的，更是社会的，甚至是整个人类的，是处理人际关系和谐的共同法则。只要作为个体的人生存于社会中，就必须遵守一定的社会规范与伦理道德法则。正如孔子认为：

不学礼，无以立。

——《论语·季氏》

管子认为：

礼者，因人之情，缘义之理，而为节文者也。故礼者，谓有理也。礼也者，明分以谕义之意也。

——《管子·心术上》

董仲舒以阴阳对立和阳尊阴卑的思想论证了君臣、父子、夫妇等之间的等级关系，从而论定中国传统社会的伦理关系，以确立尊长敬上的纲常意识，对于维护社会稳定和王权专制有积极作用：

仁之美者在于天。天，仁也。天覆育万物，既化而生之，有养而成之，事功无已，终而复始，凡举归之以奉人。察于天之意，无穷极之仁也。

——《春秋繁露·王道通三》

王者与臣无礼，貌不肃静，则木不曲直，而夏多暴风。风者，木之气也，其音角也，故应之以暴风。王者言不从，则金不从革，而秋多霹雳。……王者听不聪，则水不润下，而春夏多暴雨。

——《春秋繁露·五行五事》

人的欲望、需求是永远无法满足的，过多的、不遵守礼的追求往往会造

[1] 冯友兰：《中国哲学史新编》，人民出版社 1985 年版，第 55 页。

成人际关系的紧张。其实"节用"一直是中国古代的优良传统文化思想，这关系到一个人的生活素养、人生观，董仲舒则从阴阳五行的角度出发，认为土是国君的官职，君主特别侈奢，过度失礼，百姓背叛，国君就会没有出路，所以作为国君要注重节用，让民有食有衣，才能顺其天道：

大为宫室，多为台榭，雕文刻镂，五色成光。赋敛无度，以夺民财；多发徭役，以夺民时；作事无极，以夺民力。百姓愁苦，叛去其国，楚灵王是也。作干溪之台，三年不成，百姓罢弊而叛，及其身弑。夫土者，君之官也，君大奢侈过度失礼，民叛矣。

——《春秋繁露·五行相胜》

故子夏言春秋重人，诸讥皆本此。或奢侈使人愤怨，或暴虐贼害人，终皆祸及身。故子池言鲁庄筑台，丹楹刻桷，晋厉之刑刻意者，皆不得以寿终。上奢侈，刑又急，皆不内恕，求备于人，故次以春秋缘人情，赦小过，而传明之曰：君子辞也。

——《春秋繁露·俞序》

出于弘扬儒家任德不任刑的王道政治及其纲常伦理的需要，董仲舒着意强调阳尊阴卑、阳善阴恶，把本属于人的扬善抑恶观念归之于天，以为天也有意志，能近阳远阴，有好生之德：

天之任阳不任阴，好德不好刑如是。故阳出而前，阴出而后，尊德而卑刑之心见矣。阳出而积于夏，任德以岁事也，阴出而积于冬，错刑于空处也，必以此察之。天无常于物，而一于时。时之所宜，而一为之。故开一塞一，起一废一，至毕时而止，终有复始于一。一者，一也。是于天凡在阴位者，皆恶乱善，不得主名，天之道也。故常一而不灭，天之道。

——《春秋繁露·天道无二》

可以看出，董仲舒认为天道是人道的根据，把阴阳五行之天道解释人道成了他的一个重要哲学内容，对于确立儒家思想在汉代的一尊地位具有重要的理论意义和道德意义。

3. 对天地之美的生态审美追求

蔡镇楚认为，"和谐就是美，天地的和谐、社会的和谐、人事的和谐、人类与自然的和谐始终是中国哲学社会学与美学的一个根本问题，此种学说，源于先秦诸子而成于汉人董仲舒。"❶ "天地之美，注重的还是人的主体性，爱护人的生命，注重人的生命的价值，实现人的生命与自然的和谐发

❶ 蔡镇楚：《中国文学批评史》，中华书局 2005 年版，第 74 页。

展，乃是董子所谓‘天地之美’的实质之所在。”❶

在董仲舒看来，和谐是生命的外在平安；精神，是生命的内部充实。忿恨和担忧，忧愁和遗憾是生命的伤害；平和、愉悦是生命的保养。

和者，天之正也，阴阳之平也，其气最良，物之所生也。诚择其和者，以为大得天地之奉也。天地之道，虽有不和者，必归之于和，而所为有功；虽有不中者，必止之于中，而所为不失。……是故时无不时者，天地之道也。顺天之道，节者天之制也，阳者天之宽也，阴者天之急也，中者天之用也，和者天之功也。举天地之道，而美于和，是故物生，皆贵气而迎养之。

——《春秋繁露·循天之道》

天只有按照自己的道来运行，才能化生万物世界，只有不为外界存在所左右，才能是真正的天的本来面目，即原始的本真状态。

特别有趣的是，董仲舒的中和理论不仅是对于国家政治、道德伦理乃至修身养性，而且从阴阳中和的原则出发，把人的居住环境与中和的理念进行了有机整合，以追求人与居住环境的和谐理想状态为目标，不要贪高求大，这不仅是对当时帝王大兴土木的劝谕、批评，同时反映了董仲舒以生态和谐为美的生态美学观：

高台多阳，广室多阴，远天地之和也，故圣人弗为，适中而已矣。

——《春秋繁露·循天之道》

生态美学的终极目标是关注人的生存问题，以如何提高人的生活质量、丰富人的精神世界为基点，而中国哲学中的“气”是既关于世界本体，又涉及人的精神境界，更与人的养身、修身之道紧密相连的哲学范畴。董仲舒把阴阳调和、四时寒暑和五行生胜都视为气。在古人的意识里，气与天地万物的生成乃至人的生命是不可分的：

天气上，地气下，人气在其间。春生夏长，百物以兴，秋杀冬收，百物以藏。故莫精于气，莫富于地，莫神于天，天地之精所以生物者，莫贵于人。人受命乎天也，故超然有以倚。物疢疾莫能为仁义，唯人独能为仁义；物疢疾莫能偶天地，唯人独能偶天地。

——《春秋繁露·人副天数》

美于和，把天地生物时阴阳之气的交融谐和，体现了构成万物生命的气的最佳状态：

故君子道至，气则华而上。凡气从心，心，气之君也，何为而气不随也。是以天下之道者，皆言内心其本也。故仁人之所以多寿者，外无贪而内清

❶ 蔡镇楚：《中国文学批评史》，中华书局2005年版，第75页。

净，心和平而不失中正，取天地之美，以养其身，是其且多且治。鹤之所以寿者，无宛气于中，是故食在。猿之所以寿者，好引其末，是故气四越。天气常下施于地，是故道者亦引气于足，天之气常动而不滞，是故道者亦不宛气。

——《春秋繁露·循天之道》

气是人体自然存在的根据，养气应该从“外无贪而内清净”做起，如在欣赏自然山水、天地之美时，不仅陶醉于山水的自然之美，而且受到山水道德之美的感染熏陶，它淘汰了内心深处的私欲杂念，具有澡雪净身之奇妙，只有这样才能使心意平和，达到神情宁静、安详的境界，也只有这样才能达到养身之目的。

“中和”观是我国古代的优秀文化之一，就是讲究“共生共存”的哲理内涵，如《礼记·中庸》里的“中也者，天下之本也。和也者，天下之大道也”。依此看来，“中和”是建立在“天人合一”的一元论基础之上，是天地人和谐之美的生态审美反映。董仲舒“中和”思想是先秦儒家人道主义精神的超越，在他看来，要实现“中和”，须靠“仁”的实施，而天地之美就在于“仁”，能养育大千万物，是万物的本源，只有使人的生命得到协调和谐的健康发展，这才是“天”之大美也，反映了董氏对人本主义的高扬。此外，“正”是天王遵循的规则，如果“正”，则元气就和谐调顺，一片美好的太平世界，否则错乱：

王正则元气和顺、风雨时，景星见、黄龙下。王不正则上变天，贼气拜见。五帝三王之治天下，不敢有君民之心，什一而税，教以爱，使以忠，敬长老，亲亲而尊尊，不夺民时，使民不过岁三日。民家给人足。无怨望忿怒之患，强弱之难，无谗贼妒疾之人。民修德而美好，被发衔哺而游，不慕富贵，耻恶不犯，父不哭子，兄不哭弟，毒虫不螫，猛兽不搏，抵虫不触。故天为之下甘露，朱草生，醴泉出，风雨时，嘉禾兴，凤凰麒麟游于郊。囹圄空虚，画衣裳而民不犯。四夷传译而朝，民情至朴而不文。

——《春秋繁露·王道》

总之，董仲舒的思想学说虽然在我们今天看来似乎有些荒谬可笑，但就他所处的汉代而言却具有极为重要的现实价值，在大力倡导生态文明建设、构建和谐社会的今天，董仲舒的思想学说在处理人与人、人与自然、人与社会等方面的关系仍然具有重要的启迪意义。正如暨南大学邓乔彬认为，“可以认为，虽荀子已有‘人定胜天’之说，但在天人关系中，树立起了人的主体精神，却是董仲舒首次将人提高到了如此的高度，在确立人本主义的同时，也对人与自然的谐和、共存，有更为合理的看法，天人感应使人们培养、产生出与大自然的生命共感，在诸如‘人副天数’认识中，看到了自然与人的一致”❶。

周桂钿也认为，“董子的说法会使人相信，就是因为他确实说了一些正确的话，因此有很大的迷惑性，他经过这些论证，使天人感应论得以成立，然后再进一步推论，提出了‘灾异谴告说’，使天子的权力处于天的控制之下，这是适应了当时社会的需要，因此得以广泛传播，能够适应社会需要的、有用的，自然会产生社会效益。在历史上，并非都是正确的理论吃得香，往往是有用的理论吃香，这是不以人的意志为转移的。”❷

可以看出，董仲舒的思想，特别是“天人感应”学说构成了他的思想核心之一，这也是他对和谐生态之美的理想追求，体现了他那博大的视野和广阔的胸襟，虽然有神秘之处，但在当时社会却具有深远的意义和价值。

四、王充的生态美学观

汉代儒家经学经历了两汉之际，今文经学、古文经学、谶纬迷信等三股思潮的激荡，到了东汉时期，今文经学基本走向僵化，但由于官学的地位，仍然垄断着学术发展的主流，制约着学术思想的发展，从两汉之际到东汉末年，如扬雄、桓谭、王充、王符、仲长统等一批富有创造力的学者，根据社会现实的需要，力图突破僵局，吸收了先秦诸子百家学说，在天人关系、民本观等生态美学观方面有了新的发展与超越。

王充（约 27—97 年），也是汉代儒家中极具影响的人物，东汉前期杰出的学术思想家、儒家经学的批判者，主张自然决定论，先后著有《论衡》《政务》《讥俗》《养性》等，学术界一般认为，只有《论衡》流传下来，其他三书均已亡佚。❸

1. 对天道自然的生态审美认识

汉代以董子代表的儒学经学思想占主导地位，认为天是宇宙的本原（《服制像》），而且这个“天”是有意志的，能够对人类社会赏善罚恶（《立之神》），但王充建立唯物主义天道自然观的目的，主要是为了否定当时流行的天人感应的神学目的论，借助天文学的科学成果，强有力地批判先秦史籍中的迷信思想和世俗传统，他认为，天地是万物的三原：

且夫天者，气邪？体也？如气乎，云烟无异，安得柱而折之？女娲以石

❶ 邓乔彬：《董仲舒天人感应论对文学的积极影响》，文艺理论研究，2004 年 2 期，第 2 页。

❷ 同上。

❸ 周桂钿：《董仲舒天人感应论的真理性》，河北学刊 . 2001 年 3 期，第 12 页。

补之，是体也。如审然，天乃玉石之类也。

——《论衡·谈天》

认为天与地气结合产生万物：

夫天地合气，人偶自生也。犹夫妇合气，子则自生也。夫妇合气，非当时欲得生子。情欲动而合，合而生子矣。万物生天地之间，皆一实也。

——《论衡·物势》

正如张立文所言："王充是一个天地本原论者，他的宇宙生成论可概括为天地—阴阳之气—万物与人的模式，这宇宙生成的过程是一个自然的过程，没有目的性，作为本原的天地，与人之间也不存在感应关系。"[1] 如：

夫天道自然也，无为。如谴告人，是有为，非自然也。黄老之家，论说天道，得其实矣。

——《论衡·谴告》

在王充看来，人来自自然，天地既能生育万物，又能有规律地运行，表明天地具备了真善之气，和谐有序而生机勃勃的宇宙自然现象，都是人性、人的规律与自然之理会通的融合：

且夫山无林则为土山，地无毛则为泻土，人无文则为仆人。土山无麋鹿，泻土无五谷，人无文德不为圣贤。上天多文而后土多理。二气协和，圣贤禀受，法象本类，故多文彩。瑞应符命，莫非文者。

——《论衡·书解》

而且人与自然界不同，人有聪明智慧，又有其自觉目的，有主动创造精神的"有为"特性，自然界运行按其自身性质客观地运动，既强调人的主体性，也强调了自然的规律性，具有科学的辨证性：

有根株于下，有荣叶于上；有实核于内，有皮壳于外。文墨辞说，士之荣叶、皮壳也。实诚在胸臆，文墨着竹帛，外内表里，自相副称。意奋而笔纵，故文见而实露也。

——《论衡·超奇》

诚然，在对天道自然的生态审美的认识上，王充明显地继承了道家自然无为的生态审美意识，亦显示出他对汉初流行的共黄老学说的推崇，如：

天地合气，万物自生，犹夫妇合气，子自生矣……试依道家论之。

——《论衡·自然》

天道自然，非人事也。

——《论衡·乱龙》

[1] 张立文：《中国学术通史（秦汉卷）》，人民出版社2004年版，第291页。

日朝出而暮入，非求之也，天道自然。

——《论衡·命禄》

在王充看来，世间万物应顺其自然，不得进行任意破坏，天地万物的生成都是符合自然无为的规律，“天地不欲以生物，而物自生，此则自然也”。(《自然》)反映了当时在自然经济为基础的社会中，王充那朴素的唯物主义的“共生共存”生态审美意识，也折射出他对当时谶纬迷信流行的社会的反感，以及对当时“天人感应”“灾异谴告说”的有力批判，正如他所说：

春温夏暑，秋凉冬寒，人君无事，四时自然。……寒温，天地节气，非人所为，明矣。

——《论衡·寒温》

在我们看来，王充虽身兼儒道，但更多地显露出儒家的思想，对道家而言，王充对道家那自然无为的朴素的生态审美意识，显露出一种继承和超越意识，他更多地强调社会经验性、生活现实性，与道家那自然无为、玄虚的理念有着根本的区别，不过一定的思想是一定社会现实的反映，这与东汉推崇迷信的时代现实是有联姻的。

2. 对人性之美的生态审美追求

生态美学虽然是以人与自然的和谐关系为原点，但要考察这两者的关系，必须得回归到个人自身的精神状况。在人性问题上，王充采取了折中态度，认为天地合气产生万物和人类，人性的善恶取决于“禀气”的数量和性质，如果“禀气”厚，则性为善；反之，则为恶。这是一个自然的过程：

譬诸五谷皆为用，实不异而效殊者，禀气有厚泊，故性有善恶也。残则受仁之气泊，而怒则禀勇渥也。仁泊则戾而少愈，勇渥则猛而无义，而又和气不足，喜怒失时，计虑轻愚。妄行之人，罪故为恶。”“人之善恶，共一元气，气有多少，故性有贤愚。

——《论衡·率性》

他还认为人性的后天教化也极为重要：

论人之性，定有善有恶，其善者固自善矣，其恶者故可教告率勉，使之为善，凡人君父 审观臣子之性，善者养育劝率，元令近恶，近恶则辅保禁防，令渐於善，善渐於恶，恶化於善，成为性行。

——《论衡·率性》

王充认为，道德观是元气本原固有的内在属性之一，具体表现为“仁、义、礼、智、信”五常之气：

禀性受命，同一实也。命有贵贱，性有善恶。谓性无善恶，是谓人命无贵 贱也。九州田土之性，善恶不均。故有黄赤黑之别，上中下之差；水潦不同，故有清浊之流，东西南北之趋。人禀天地之性，怀五常之气，或仁或义，性术乖也；动作趋翔，或重或轻，性识诡也。面色或白或黑，身形或长或短，至老极死不可变易，天性然也。余固以孟轲言人性善者，中人以上者也；孙卿言人性恶者，中人以下者也；扬雄言人性善恶混者，中人也。若反经合道，则可以为教；尽性之理，则未也。

——《论衡·本性》

此外，在人性的认识上，王充融合与超越了先秦诸子的“性”本原意识，他侧重于将人的本性看作社会中的人性，在他看来，“性”并不是天生而来的，是可以通过后天的教化作用而改变的，并不是像孟子的“性善”、荀子的“性恶”那样，具有一种本原性，而是具有一种社会性，他说：“论人之性，定有善有恶。其善者，因自善矣；其恶者，故可教告率勉，使之为善。”（《率性》）这体现了王充的社会性意识，对人的生命的尊重，抛弃了那种神秘的天命自然观，而是对现实中的真实的“人”的生态审美的终极关怀。

特别是在东汉政权处于各种社会矛盾空前激化的情况下，王充大胆地批判当时的神学迷信思想，体现了他积极向往社会和谐，而且非常勇敢，在中国美学史上，王充给后人留下的最宝贵财富应算是对“美”与“真”的辩证认识总结，在他看来，当时东汉正处于飘摇的动荡时期，一定要正视现实，坚持真理，决不能混淆是非，应合理地评价每一事每一人，这也是对司马迁“实录”精神的继承显现，只有这样才能“后人观之，以见正邪”，因此，“真美”成为《论衡》一书的一大亮点，如他所言：“《诗》三百，一言以蔽之，曰：思无邪。《论衡》篇以十数，亦一言也，曰：疾虚妄。”（《佚文》）

3. 对生命尊重的生态终极关怀

生命哲学无论是在西方还是在中国，都具有深厚的文化底蕴，深深地折射出先哲对个人生命的终极关怀和生态审美追求。

在生命本源上，王充认为“元气”乃精神意气的起源，但不是宇宙的本原，是构成世界的根本原理，天、地、人和万物都是由“元气”产生的根源，且以阳气为主：

万物之生，皆禀元气。

——《论衡·言毒》

夫人所以生者，阴阳气也。阴气主为骨肉，阳气主为精神。人之生也，阴阳气具，故骨肉坚，精气盛。精气为知，骨肉为强，故精神言谈，形体固守。骨肉精神，合错相持，故能常见而不灭亡也。太阳之气，盛而无阴，故徒能为象，不能为形。无骨肉有精气，故一见恍惚，辄复灭亡也。

——《论衡·订鬼》

“气”论是我国哲学思想领域中的一个核心词汇之一，在先秦老子中就已涉及，在他看来，

道生一，一生二，二生三，三生万物。万物负阴而抱阳，冲气以为和。

——《道德经》第四十二章

“道”是万物的本源，都蕴含着阴阳二性，如何能达到阴阳协调的状态呢？只有通过“气”罢了，因此是人的生命与活力的基本构成要素之一。

在王充看来，“气”也是作为万物的本源，如“天地，合气之自然也”。（《谈天》）“天地合气，万物自生。”（《自然》）但王充的“气”与道家的自然无为有着明显的不同，道家的自然无为体现着一种合目的性与合规律性的东西，是以绝对无为、无目的的出现，而王充的“气”论中所言的自然，则更是带有一种人为社会性的唯物色彩，体现出他对人生命尊重的生态终极关怀。

物与人通，人有痴狂之病。如知其物然而理之，病则愈矣。夫物未死，精神依倚形体，故能变化，与人交通；已死，形体坏烂，精神散亡，无所复依，不能变化。夫人之精神，犹物之精神也。物生，精神为病；其死，精神消亡。

——《论衡·论死》

“天命论”在先秦两汉是一个集中探讨的话题，荀子从批判“以为天能够直接影响人”而提出“天人相分”说，董仲舒从自然灾害对人类的影响，提出“天人感应”说，王充则从天地和气都是无意识的、是以绝对无为、无目的的“存在”出现，提出“天道自然”说，根本就不存在谁影响谁的目的，但天地万物是不能以精神感动天的，因此，“气”成了天地和万物之间的桥梁作用，正如周桂钿所言：“王充的天道（气）自然论是天人关系学说发展的新阶段，也是历史发展的结果。”❶

诚然，在王充看来，“气”是一种无目的性、无意识性又无体的物质性的东西，体现了王充辩证的唯物意识，同时，“气”在自然的意识中构成了天地与万物之间的中介桥梁作用，并与万物交融，影响万物，是社会各种现象产生的决定因素之一。此外，王充吸取了当时天文学及自然科学上的许多知识，对当时自然现象能作出了具体的客观的解释，如对当时流行的关于冬日与夏日长短问题，坚持了自己的科学观点：“如实论之，日之长短，不以阴阳。”（《说日》）而对尚未认识的自然现象，就用“气自然”来说明溪水

❶　周桂钿：《王充哲学思想新探》，河北人民出版社 1984 年版，第 83 页。

之鱼和殿基之草现象，对当时神学迷信进行了强有力批判，体现着他对生命尊重和唯物的生态审美认识。

综上所述，汉代儒家生态美学观的发展及流变走过了博采众长，不断尽善尽美的道路，虽然都有自己的亮点，但精髓不尽相同。尽管秦汉思想家著作颇丰，他们都善于融合、吸收诸子百家的思想于自己的思想体系之中，又都有独到之处，并以自己独特的哲学思想为核心建构哲学体系的基本框架。贾谊以民为本的生态审美追求，董子以阴阳五行学说构建自己的天人感应论，王充则以追究人生、社会的真谛，对“命”的思索，以“自然”（“天道自然，人事不能却”《变虚》）为核心，对社会现实的强烈批判等，无不显示出他们对“人”共生共存的关照和生态审美追求。

第三节　汉代生态美学观对后世的影响与局限

汉代的“有为”主流儒学思想曾在汉代发挥了巨大的作用，为当时社会的和谐、国家的繁荣和长治久安具有划时代的历史意义，并影响了后汉的许多思想家，但由于过度强调政治教化而使当时谶纬迷信极为流行，所以亦摆脱不了走向衰竭的悲剧命运。

一、汉代生态美学观对后世的影响

中国传统文化源远流长并一脉相承，自先秦时期起，中华民族便在神秘的大地上建立了自己的早期文明，关于人的生存问题一直以来就是中华文化的焦点，如人类的本源是什么？如何提高人们的生活质量，丰富人们的生活？如何处理好人际关系？如何治理好太平的天下等。悠悠历史，已过几千年，历代的思想家、文人都对之给予极大的关注，并进行了不断的研究和探讨，为后期生态美学的发展奠定了一定的基础，对于人们认识自然，热爱自然，研究保护生态环境，治理国家等都产生了深远的影响。

鲁枢元认为，“在那个最初的原点上，诗歌、艺术曾经就是存在与生存，就是人的生活本身，就是生长、繁息、创造、憧憬、祈盼，就是吹佛在天地神人之间的和风，就是灌注在自然万物之中的灵气，就是黑格尔所说的那种‘绝对使命’‘最高存在’，人们曾经与诗歌、艺术一道成长发育，靠诗歌、艺术栖居于天地自然之中而不是凌驾于天地自然之上或对峙于天地自然之外”❶。

❶ 鲁枢元：《生态文艺学》，陕西人民教育出版社 2000 年版，第 23 页。

秦王朝走向灭亡，让汉武帝认识到当时的黄老学说无益于社会现实，于是转向于当时“有为”的儒学。在这样的背景下，儒学终于脱离诸子百家，成为当时社会思想的主流意识。特别是以孔孟为代表的儒家文化，至秦汉之际，险些误入夭折的困境，但作为一个强大生命力的文化传统，只要能够适应当时社会现实的需要，且为当时统治者服务，就会有继续生存的希望。

2004 年 11 月 15 日，在北京语言大学“孔子与世界文化”学术研讨会上，李春青先生从新的角度解答了这个问题。他在回顾了冯友兰、钱穆等大师和当代学人几家有代表性的观点后提出，“儒学成为主流意识有两个至关重要的原因没有引起论者的注意：一是儒学是古代士人阶层社会角色认同和文化认同的话语表征，因而最能代表士人阶层的意愿与利益；二是儒家一直扮演着统治者与被统治者之间的‘中间人’或‘调节者’的角色，故儒学最符合文化霸权形成的一般规律。而当这个中间人的角色开始退出历史舞台不复存在之后，旧的儒学也必然面临衰退”[1]。

以天人关系为主线，着重探讨人的生存问题的儒家文化学说传统，自先秦孔孟的创建到汉代儒家陆贾、公孙叔、贾谊、董仲舒、扬雄、桓谭、王充、王符等的努力之下，他们关怀生命、关注自然，强调人的主体性，追问万物本源，加强人的自身修养，以及在国家社会的治理、人际关系的探讨等方面，都给予我们提供了无穷的生态智慧，并对后代产生了重要的深远影响。

此外，“中和”思想的生态审美意识在先秦时期已经萌芽，历经两汉，同样影响了魏晋玄学家，如王弼、阮籍、嵇康等。王弼认为，美在自然，在无声无味：

> 故其为物也则混成，为象也则无形，为音也则希声，为味也则无呈，故能为品物之宗主，包通天地，靡使不经也。
>
> ——《老子指略》

阮籍认为音乐有移风易俗的作用：

> 夫乐者，天地之体，万物之性也。合其体，得其性，则和；离其体，失其性，则乖。
>
> ——《乐论》

嵇康也认为：

> 和心足于内，和气见于外。乐之为体，以心为主。
>
> ——《声无哀乐论》

---

[1] 孙海燕：《深入研究孔子及儒家思想 推动中国文化建设——北京语言大学“孔子与世界文化”学术研讨会综述》，中国文化研究，2004 年 4 期，第 178 页。

在他看来，和谐是音乐的根本，但归根到底是自然美的反映，是自然之和的表现，是人心之和的表现。从王弼到嵇康，以无形无声为美，以自然之和为美，影响了后代的大量文人，也促使山水田园诗的出现。

汉代美学很明显地带有过渡性的特点。即汉代美学是从先秦美学发展到魏晋南北朝美学的一个过渡环节，并深刻地影响了魏晋南北朝时期的美学理论发展。如《淮南子》的“形神”理论，成为后代艺术家的艺术法则，如晋代顾恺之“以形写神”的绘画美学原则，则是受影响的结果，以及《文心雕龙》中的许多文艺理论，如自然之道等，都与之有关，王充的《论衡》发挥老子的哲学，推崇“自然”，以对抗和批判汉代官方的宗教神学体系，这对于魏晋南北朝美学的发展产生了深刻的影响。虽然魏晋南北朝美学的发展是对于孔子美学的否定，是一个回到老、庄美学的运动，但也正是在《淮南子》《论衡》等著作的诱发下产生的。王充自己也说，他的天道自然的思想“虽违儒家之说，合黄老之义也”。(见《论衡》的《谴告》《自然》篇)

还有先秦哲学中的一批哲学范畴，在魏晋南北朝时期转化成了极为重要的美学范畴。而汉代正处于这一转化的前页，汉代美学构成了这种转化的中间环节。例如，先秦哲学中的“气”的范畴，经过王充的元气自然论发展，在魏晋南北朝时期转化成了美学范畴，出现了“气韵生动”的美学思想。此外，扬雄的“玄”学理论，融合了《周易》《老子》而谈玄，深刻地影响了魏晋南北朝的文人。东晋时代兴起的山水田园诗，就是玄学之士在山水田园之中的悟道之作，是东晋名士追求理想人格与崇尚玄谈、平淡的诗学观念和审美情趣不断强化的结果，体现出汉代儒家的生态审美思想在中国美学史上的崇高地位。

二、汉代生态美学观的局限

当时汉代仍处于早期的农业文明，因而建立在此基础之上的人与自然、人与社会、人与人之间的那些朴素的生态审美意识，当然与现在的工业文明、科学技术日益发达的信息时代的生态审美观有层次上的差别，但我们可以用现在的辩证思维批判地继承，并适当地加以改造，才能完成现代的转型，并发扬光大。

从客观层面上而言，汉代的社会秩序是按照儒家的生态审美理想建立的，由于国家政治运转的指导原则，纲常名教受到统治者自身的怠慢和破坏，使人们对儒家学说的权威性和有效性产生了怀疑，不约而同地发出了变革的呼声。因此，具有广泛影响的思辩性的道家学术，由此获得了新的生机并重新确立起自己的理论的生长点，成为了魏晋南北朝时期“玄”学的主流。再加上谶纬神学或曰迷信作为一股文化思潮，在两汉之际有愈演愈烈之势，成为改朝换代的舆论工具。西汉末年的“王莽改制”，是从制造大量符谶着手的。东汉光武帝刘秀未做皇帝先发谶语：“刘秀发兵捕不道，卯金修德为天子。”光武帝迷信谶纬，遂使其风靡天下。汉代谶纬迷信作为对一定道德、政治的一种崇拜方式，它是反审美的，或者是有碍于生态审美意识的确立。

从文学的发展上而言，汉代文学总的来说也取得了巨大的成就，特别是那铺张扬丽、辞采飞扬的汉赋在中国文学史上划上了浓重的一笔，体现了浓重的生态审美意识和理想图景，是任何时代的文学都难以岂及的，但由于后来受到经学的影响，文学直接成了儒家的一种教化工具，因而创作的主题一般是以美化政治为中心，特别是到了汉末魏初，逐渐地演变为抒发个人情感为中心，以及对动乱社会现实的深沉感慨。

正如刘松来所言：“先秦两汉以来的儒家学说，特别是在经学语境左右下形成的重视、教化，强调克制的理性主义文学传统受到了前所未有的挑战，代之而起的是一种在玄学影响下产生的蔑视教化，强调放任的感伤主义文学倾向。”❶

从一定意义上而言，作为对宗经传统极度高扬和对政治教化过度倚重的汉代儒家经学，由于愈演愈烈，物极必反，任何事物当它发展到一定的程度，特别是过度膨胀之时，一定会转向它的对立面。因此，汉代儒家经学亦免不了走向末路的悲剧命运。

第四节 道家生态美学思想

一、“道”与生态美学思想

（一）“道为天下母”——万物同源

“道”是道家哲学思想的核心观念，也是道家生态美学思想的核心观念。了解了“道”的含义与特性，才能更深入地理解道家的生态美学思想。《老子》的第一章讲到：“道可道，非常道；名可名，非常名。”这句话的含义是，道家讲的“道”也是可以言说的，但是，我们说的“道”并不是真正的

❶ 刘松来：《两汉经学与中国文学》，百花洲文艺出版社 2001 年版，第 527 页。

“道”。《老子》中没有对“道”下一个明确的定义，但是用许多语言表述出了“道”是什么样的。“道”本来的含义是道路的意思，指的是一个具体的事物。不过在道家思想中的“道”指的已经不是具体的事物了，而是一个抽象的形而上的存在。“道”是世间万物发展的规律，是世间万象出现的根源，它没有形状，不可言说，先于天地、时空而生。理解“道”是理解道家生态美学思想的前提，也是至关重要的一点。虽然真正的“道”没有形状，不是具体的事物，无法言说，但道家认为“道”是真正存在的。《老子》第二十五章谈到“有物混成，先天地生”。显然，这里的“物”指代的就是“道”。在人类社会还并未形成的时候，在“道”还没有被命名为“道”的时候，它就已经存在了。它浑然一体，先于天地而存在。“道”作为一个抽象化的概念，被道家看作是万物的起源。它“寂兮廖兮，独立而不改，周行而不殆，可以为天地母”。“道”既没有声音，又辽阔无边，道家的这一表述证明“道”并不是一个具象化的实体存在，它的存在超越了人类的感官范围。它独立存在，不依赖其他任何食物。它四处周游、流传，无处不在，又永远不会停止。这样的“道”可以作为天下的母亲。母亲意味着生育、生养，“道”是天下的母亲，表明“道”是万物的起源。又有“道生一，一生二，二生三，三生万物”❶。原始的纯“有”被道家表述为“一”，“道”让“一”得以存在，“一”的内部又产生了对立、分裂为“二”，“二”又互相作用，产生了“三”，三个“有”之间相互作用，随之也就产生了万物，道家主要想传达的是宇宙的产生的一个模式化的过程，它们并不需要有确定的指代对象，重点在于体悟老子的宇宙生态观。道家想在这句话里表达的是：世间万物是怎样产生的，是一种什么样的模式，这是哲学的思考，而非科学的。

道家思想认为，世间万物同根同源，都来源于“道”。世间万物本是共同一体的，有着同样的根源。人类、动物、植物、自然界，都源于共同的“道”，这样万物同源的思想对人类中心主义者是极大的反击。既然人类与万物一样，有着相同的来源——“道”，那么整个世界便是被“道”连成了一个整体，没有偏私，不分贵贱。除了“道”，万物之间各自相互联系，谁都不是绝对独立的存在。“道”远超人的感官所能感知的极限，它无边无际，周游不止，这样一来，人显然就不是万物的中心，也不再是万物的主人了。道家认为，天、地、人是一个共同来源于“道”的整体，人与外界的关系不是认识论提倡的对立，而是融合的关系。在春秋时期，天人合一思想还未完全形成，但老子的思想显然积极响应了天人合一的内涵。人存在于自然

❶ 陈鼓应译注：《老子今注今译》，商务印书馆 2003 年版，第 87 页。

之中，与天、地共同构成一个和谐的整体。这样的依据就是“道”为天下母，“道”孕育了万物。道家思想建立了生态整体观，万物有着共同的起源，不是以人类为中心，也不是以自然为中心，人与自然联合构成了一个生态的整体。因为有着共同的起源——“道”，人类和自然就不是对立的，更不是敌对的关系了，所以对自然的迫害是无根无据的错误行为，一味地榨取大自然中的资源也非明智之举，最终会反噬人类自身。人与自然是一体的，万事万物中都蕴含着可遵循的“道”，“道”无处不在。老子的思想非常宏大，“道”的概念蕴含着丰富的生态美学智慧，让老子从此处出发，陆续阐释了更多的生态美学思想。对自然的毁灭其实违背了“道”，就是在进行自我毁灭。“道为天下母”的思想使人与自然连成了一个整体，于是，如何和谐地与自然相处，如何保护自然环境的议题便不仅是利他性质的，而是为了人类自身存在利益出发需要思考的问题。万物本是同源与“道”，于是更好地处理人与自然之间的关系，也是为了人类自己。

（二）“反者道之动”——生态循环

道家的生态美学思想不仅有“道为天下母”，也提出了“反者道之动”，道家认为世间万物之中存在生态循环。在道家的生态美学思想中，“反”是“道”的一个很重要的特质，也是“道”的一种表现形式。“大曰逝，逝曰远，远曰反。”[1]道广阔无边，让万物不停运动到了遥远的地方，而最终又会返回本源。万物是由近到远，再由远到近，这就是世间万物发展循环的规律。“反”有两个层面的意思，第一层是相反的意思，事物之中包含着矛盾对立，会朝着相反的方向发展变化，而变化本身相对于原点都是相反的发展。第二层是返回的意思，当事物发展变化到一定程度的时候，会回到它的原点。“反者道之动”说的就是事物运动变化的过程是有周期循环的，这是一个动态循环的过程。而造成这种循环的原因，是“道之动”。因为道在周流不息的变化，所以万物也在循环运动。可以说，是“道”存在于事物的内部，推动着万物去进行周期循环。

二、道家的自然生态美学观

（一）“道法自然”——效法自然的生态意识

老子言：“人法地，地法天，天法道，道法自然。”此处的“自然”不是

[1] 陈鼓应译注：《老子今注今译》，商务印书馆 2003 年版，第 45 页。

名词，并非自然界的意思，它的含义是自然而然，是一种顺应规律自然形成的状态。

人要效法天、地、道、自然，人才为人，而在这几项之中，自然又是人、地、天、道都要效法的对象，这就表明“自然”尤为重要了。“道”是道家生态美学思想的核心观念，“自然”则又是“道”的核心概念。“法”即效法，道法自然，就是道与自然不会互相违背的意思。“自然”是一个动态的存在方式，可以说,“自然”与“道”是一体的，是万物自然而然的状态，也是万物遵循的内在规律。人要取法于地，遵循大地的自然规则，人们在大地上劳作、播种，必须要因地制宜。地要取法于天，生长于大地上的动植物都要仰仗着天空中的阳光与雨水存活，不同的气候也形成了不同的地理特性。天要取法于道，天的规律也是要依循着“道”的，“道”蕴含着天地万物的规律。而道是取法于自然的，它是自然而然的、自然如此的。在《老子》中多次出现过“自然”，如“希言自然”“是以圣人欲不欲，不贵难得之货；学不学，复众人之所过，以辅万物之自然而不敢为”，这些“自然”的意思都不是指自然界，它们代表的含义是一样的，指代的是一种自然而然、顺应自然的和谐的状态。“道法自然”是道家自然生态美学观的核心观念，是建立在存在论基础上的生态美学命题，区别于主客二分的认识论，这是理解它的前提。“道”就是自然而然的状态，而自然而然就是“无为”。“万物作而弗始，生而弗有，为而不恃，功成而弗居。夫唯弗居，是以不去。”（《老子》第二章）自然万物的开始都是自然发生的，不需要人类动用人力对它进行改造，虽然人类创造出了许多事物，但是这些事物并不能看作为人类所有的，也不能对人类的功劳居功自傲，只有当人类不自视为万物的中心，人类在自然界中的位置反而能得到肯定。虽然“自然”的含义为自然而然的状态，不直接代表自然界，但是“自然”的概念与自然界的关系密不可分，道家的思想也是与自然界有着很深的联系。天文、地理、四季交替、时节变换，这一切的天地之理都是自然而然、自然天成的，并未受到任何人的指引。道家思想提倡人们顺应自然，不要肆意妄为去改变生态系统，这样反而会没有好的结果。因为“道法自然”，若是不施加外力，万事万物本身就会发展得很和谐。要“辅万物之自然而不敢为”（《老子》第六十四章），了解了“自然”与“道”之后，人才能看清楚自己在宇宙当中的位置，人与万物同是“道”的产物，人的功能是“辅万物”，让万物按照自然的方式去发展，而不是主导万物，改变万物的本性。这里，道家思想的主张是再次与“人类中心主义”相悖了。很显然，道家思想蕴含着深刻的生态美学智慧。顺应自然，顺应万物的规律，不要有过多的贪欲，更不能认为人类是自然的主宰，人类是“辅万物之自然而不敢为”。人作为生态系统的一部分，有自己的主观能动性，那就是辅万物、顺自然。老子对自然界的态度，始终是谦恭与敬畏的，人类处于生态系统之中，抱有这样的态度对待自然环境，就能保证生态系统的和谐。人与自然外界是融为一体的和谐关系，人类既不能凌驾于自然也不能人为物役，要做到这一点，就要效法“自然”。

（二）“天地不仁，以万物为刍狗”——众生平等的生态意识

道家思想认为人类与众生是同一层次的，平起平坐的。“天地不仁，以万物为刍狗。”（《老子》第五章），这里的“仁”指的不是褒义的“爱”，它的含义是“偏爱”。天地从不偏爱万物，不会对某个事物有所偏爱，也不会对某个事物有所鄙弃。天地以平等的眼光看待万物，这万物中当然也包含了人。“刍狗”是用草扎成的狗，是古代祭祀时的一种用品。在祭祀时要用到的“刍狗”，在神圣庄严的祭祀场合，人们会尊崇它，但当祭祀结束以后，它便又回归成为一个普通的物件，成为了一把草扎成的狗。在天地眼中，万物都如“刍狗”一般，各有发挥用处的时节，在什么时节就要做合适的事情，在不同的阶段万物也有不同的地位。不会因为一个事物的本质是什么，就对它区别对待，这就是不偏爱，也就是“不仁”。“不仁”意味着事物和事物之间是绝对平等的，没有特殊对待；还意味着对任何事物的态度都是会随着情况改变的，如同对待“刍狗”一般，该崇敬的时候就崇敬，仪式结束之后，它又恢复了草的本质属性。“仁”是一种情感属性，而天地是没有情感属性的，以理性滋养万物，四季的更替，时令的变换，都是以“道”的理性在背后运行的，不会有任何情感倾向。道家思想以“天地”的视角看待众生万物，在“天地”眼中，万物都是平等的，人类与动物、植物、山川湖海都没有什么不同，视角不同，得出的结论自然不同。若是以人类的视角出发，许多人都作出了人类中心主义的发言，人类也确实将自己视为了自然界的主人，以人类自身为核心去看待周遭的世界。于是，自然界中的一切都是人类手中的资源，人类与自然界被分为了对立的两个对象，一方是人类，一方是自然界，而且人类的位置是凌驾于自然界之上的。从“人类中心主义”出发，势必将导致破坏生态自然环境的恶果。但道家讲“天地不仁”，其中蕴含的就是反“人类中心主义”的，即一种万物平等的观念。人和万物是平等的，没有秩序差别，万物也都有着自己的存在价值和运行规律。人类并不是万物的主人，人类是万物的一部分，人类自身就包含于万物之中，离开了万物，人也将无所谓存在。道家的自然观中，人类和自然是相互融合，相互依存，相互依赖的关系，并非是相互对立。在这里，道家还提倡人类向天地

学习，不能用自身的喜好区别对待万物，而是要顺应自然、顺应万物的本性，无差别地维护自然系统的生态平衡。

道家对人与万物的关系展开了深入的思考，提出了“天地不仁”的观点，看似无情，实则是一种大爱。不偏爱任何一方，维持着万物的秩序，这样生态系统才能得以稳定运转。以任何事物为中心的发展，都必将导致生态系统的失衡。“生态整体论”反对“人类中心主义”，却不是反人类，更不是站在人类利益的对立面。“生态整体论”倡导人与自然是一个整体，人类的利益与万物的利益是互相融合并非互斥的关系。善待生态环境也是善待人类自身，人类与自然，是联系在一起的，并不是相互对立的。“生态整体论”倡导平等共生，人类与万物休戚与共，将自己也看作是自然的一部分，这是为了让人类的生活更美好，生活的环境更和谐而出发的主张。“天地”将万物都看作是“刍狗”，那么天地万物也就都处于同样的位置，“天地”不会认为某一事物是中心、是服务者。既然天地万物都处在同样的位置，那么在人类进行活动的时候，更要抛弃“人类中心主义”的主观思想，思考怎样建设人与自然互利共赢的和谐生态环境，这就是与自然相处的最合适的道路。“天地不仁”也表达了放归万物于自然的思想，让万物保持着万物的本性，不需要过多的干涉。天地是比人更高的存在，天地都如此，那么人更应该效法于天地，这是对待自然的最好的方式，也是老子的自然观。

（三）“域中有四大，而人居其一焉”——天人合一的生态意识

道家认为宇宙中存在四大，分别是道大、天大、地大、人大。这里的“域”是一个空间概念，可以理解为宇宙。在宇宙中，最大的是道，其次是天地，可以指代为自然环境，最次是人。这表达了人类自身的渺小，生于宇宙天地之中，人只居其一，并未占据全部，但人类也同样身处于“道”的系统之中，与天地联系在一起，万事万物之间互相依存而存在，并未割裂开。人与自然是一体的，人并非凌驾于自然之上，人与自然一起，都存在于宇宙之中。这体现了“天人合一”的思想内核，也为庄子“天人合一”思想的发展壮大提供了坚实的理论背景。老子认为人与自然都是同归于“道”的，这是“天人合一”的生态整体观。在这样的生态观下，人类能够找回自己的精神家园，复归于“道”。

第五章　汉画像的分类

汉画像包括汉代的画像石、画像砖、壁画、帛画、漆画、玉饰、铜镜纹饰等图像资料，是对不同物质材料和形式表面图像的概括。它的侧重点在视觉图像的表现方式和接受方式上。实际上，把画像石、画像砖说成是汉画像是不确切的，因为有些汉画像石是浮雕或半浮雕的，与其说是“画像”，不如说是“雕刻”，但汉画像石、画像砖的流行和鉴赏在传统上主要靠拓片，故根据约定俗成，称为“画像”。由于汉帛画、漆画等不好保存，经千余年的时间后保存下来的极少，画像石、画像砖保存和流传下来的却很多，所以汉画像不能不以汉画像石和汉画砖的图像为主。画像砖、画像石的材料来源，主要以各地出土的墓葬为主，本质意义是一种祭祀性的丧葬艺术。然而，从西汉晚期到东汉末年，在汉画像流行的两百多年时间里，发展速度之快，数量之多，内容题材之丰富及艺术特色之突出，无疑是汉代艺术的精华。汉代画像艺术为研究汉代历史及中国美术史提供了宝贵的现实资料，尤其是汉画像石，分布区域广，发现数量大，已经成为学术界研究的热点。

第一节　汉画像石

汉画像主要的存在形式是画像石。为丧葬服务的画像石是一种民间艺术，是由民间画匠完成的。祠堂与墓室画像石制作的第一步就是由工匠完成画像石建筑的设计和建造，再由画师用墨绘出画像的底稿，接着石工按照石面上绘制的图像，刻出凸凹的立体效果。有些石工就是画工。值得注意的是，一些画像石上有色彩的残留，说明墓室、祠堂建筑中的画像石最后一道工序应是上色和彩绘，如陕西榆林画像石有红、绿、白诸色残留，四川成都羊子山画像石有红、黄、白诸色残留，河南南陀赵寨画像石有多种色彩残留等。

汉画像石的雕刻技法，许多专家、学者都进行过分类研究。由于各家分类的原则不同，造成各种雕刻技法的名称各异，同一种雕刻技法，各家的叫法也不一致。其中，值得注意的是滕固在1937年提出的分类原则。他通过比较、分析汉画像石与希腊石刻艺术，把画像石的雕刻技法分为两类：一类是拟雕刻的，希腊的浮雕即属于此类，在平面上浮起相当高的形象而令人感觉到有圆意；另一类是拟绘画的。信立祥先生在《汉代画像石综合研究》中把汉画像石的雕刻技法也分两类：线刻和浮雕。这里的线刻也就是拟绘画的，浮雕是拟雕刻的。线刻类又可分：阴线刻，即直接在石面上用阴线条刻出图像；凹面线刻，就是在石面上沿物象的轮廓线将物象面削低使物象面呈略低于余白面的凹面，物象细部以阴线来表现的雕刻技法；凸面线刻，与凹面线刻相反的雕刻技法。浮雕分：浅浮雕、高浮雕、透雕。浅浮雕是一种物象浮起较低，物象细部用阴线刻来表现的技法；高浮雕的物象浮起很高，物象的细部也以立体表现为原则刻画物象凹凸的视觉效果；透雕是在高浮雕的基础上将物象的某些部位镂空。[1] 汉画像石的雕刻技法中，阴线刻是最早出现的一种，从西汉晚期到东汉末，这种雕刻技法不断提高，在画像石中是比较常用的。

汉画像石的构图方式，存在着等距离散点透视构图法和焦点透视构图法两种空间透视构图方法。等距离散点透视构图法，就是从同一方向用等距离的视点捕捉所要表现的事物，并将其描绘在画面上的空间透视构图方法，如山东省长清县孝堂山祠堂的《孔子见老子图》，汉画像石中一半以上的图像都用这种构图法。这种构图法完全看不到描绘事物的纵深位置关系，为克服这一局限，随着汉画像石的构图方式的发展，出现了可以表现三维空间的等距离散点透视构图法，如孝堂山祠堂后壁最上层的《大王出行图》中的大王车图像。焦点透视构图法，是从一个固定的视点去观察和捕捉所要描绘的事物的透视构图法。焦点透视构图法与等距离散点透视构图法最大的区别是前者只从一个固定的视点去观察和捕捉物象，而后者为了对物象实现等距离透视，必须不断地移动和变换视点，焦点透视构图法是不等距离透视法，距离视点越近的事物，物象尺寸就越大，越远，物象尺寸就越小，极远处的事物最后就成为一个看不到物象的消失点，即灭点，也就是我们今天理解的“近大远小”透视关系。用这种透视法构图的画像，视觉效果与我们用肉眼实际观察的结果相一致。使用这种方法构图的画像石图像全部是东汉晚期作品，但数量不多。

等距离散点透视法和焦点透视法这两种透视构图技法，如果从科学的角度看，前者是违反科学规律的、不合理的，后者是符合科学的。但艺术更具有主观性，它不是自然科学。从艺术的角度来看，前者比后者更适于表现宏大的场面。等距离散点透视构图法是汉代美术，特别是汉画像石艺术的主要

[1] 信立祥：《汉代画像石综合研究》，第27-33页。

透视构图方式，特别是那些场面恢宏、气魄雄大、至今令人叹为观止的车马出行图。

汉画像石的题材、内容极其丰富，几乎涉及当时社会生活的各个领域，有描绘社会生产的，有表现社会生活的，有描写历史故事的，还有表现神话传说及鬼神信仰的。这些内容与汉代人的宇宙观念密不可分。汉画像石是一种传承性非常强的艺术，从西汉晚期到东汉末的发展过程中，题材内容在种类和数量上始终不断增加，但从本质意义和表现范围来看，可以说变化很少，这是因为汉画像石是严格按照当时汉代人的宇宙观念刻在石结构墓室、石棺、祠堂和墓阙上的。这里的宇宙观念，是原始信仰中对宇宙层次的基本划分及对宇宙不同层次相互关系的认知。汉代人认为，全部宇宙世界是由从高到低的四个部分构成的：首先是天上世界，这是由作为宇宙最高存在的上帝和诸多人格化的自然神组成的诸神世界；其次是由西王母居住的昆仑山代表的仙人世界；第三是表现现实生活的人间世界；第四是地下的鬼魂世界。在汉代人的观念中，这四个宇宙构成部分互相关联，不可分割，共同构成一个统一的宇宙有机体。在"天人感应"观念的影响下，天上诸神控制着整个宇宙，对万事万物实行着强有力的统治，维持着宇宙的正常运行秩序。生活在凡世间的人，以"死"的方式摆脱苦难的现实世界，寄希望于死后获得升仙的资格，可以到昆仑山仙界长生不老，永远过着无忧无虑的生活。正因为如此，汉画像石题材内容的分类，遵循这种宇宙观念，分为天上世界、仙人世界、人间现实世界、地下鬼魂世界等四大类[1]，汉画像石的内容题材随着汉代墓室形制的发展，也是逐渐变化的。

西汉时，许多诸侯王依山为陵，凿山营造陵墓。西汉中期后，普遍的墓葬形式也由过去的竖坑式改为横穴式。这两类墓葬形式都从观念上彻底改变了对墓葬的认识，即从过去对纵向的深浅发展的考虑改变为对横向的广阔延展的设计，这就引起了一系列变化，如由过去单一的仅为存放棺椁的空间变为多元空间；由起初仿多格棺椁的功用到后来仿地面寝宫或阳宅的多厅室功用等。这种变化不仅为汉画像提供了更大的创作空间，而且更为主要的是，推动和刺激了汉画像的创作。一些内容繁多、雕刻精美的多室画像墓不断发展。在汉画像石墓的发展过程中，一方面画像石的题材内容始终在不断增加，另一方面图像配置也经历了一个从无规律到有规律的发展过程。西汉中晚期的大型汉画像石墓中，画像只刻在门扉和门柱正面等醒目位置，墓室内很少刻有画像，这一现象在江苏徐州一带西汉末到东汉初的小型画像石椁

[1] 信立祥：《汉代画像石综合研究》，第60页。

墓中表现得最为突出。1977 年在江苏沛县栖山发掘的一座王莽时期前后的画像石椁墓❶，是目前发现的最重要的早期汉画像石墓。墓中共有三具石椁，其中中椁四壁的内外刻满画像，而以石椁东、西侧壁板内面的画像内容最为丰富。以石椁西侧壁内面为例，在横长的石面上，墓主楼阁六博图、双阙图、车马出行图、庖厨图等多种内容不同的图像，既无界限又无距离地密集刻在一起，图像内容如果不经过仔细认真观察，很难辨清。

早期汉画像石的一个重要特点就是像这样将多种内容的画像毫无界限分隔地配置在一块石面上。而后，南阳地区约在王莽时期，山东和徐州约在东汉初，这种画像配置上的无规律状态开始发生了变化，逐渐形成了分层配置法和独立配置法两种图像配置方法。分层配置法，就是在石面上，从上到下用水平线将其分割成若干横长的小画面，并在每个小画面内分别配置一幅图像。这种分层配置法，在祠堂画像石上应用得极为普遍。以 1978 年山东嘉祥宋山发现的小祠堂西侧壁画像石为例❷，石面由三条水平隔离线分割为四个横长的画面，从上到下分别配置着《西王母图》《周公辅成王图》《提弥明杀犬救赵盾图》《祠主车马出行图》。一些独立性较强或者必须强调的重要画像内容，则经常采用独立配置法。独立配置法，就是画面上没有层的划分，每种题材内容的图像各自占有一个完整、独立画面的图像配置法。这类图像，一般画面四周都有装饰花纹带作为装饰，以便与周围的其他图像明显隔开。在墓室画像中，数量最多、最常见的是刻在门楣和横梁上的墓主车马出行图，多数采用这种配置方法。

第二节　汉代画像砖

汉画像的另一种存在形式是画像砖。画像砖墓，一般用模印有纹饰或画像内容的空心砖、长条砖和方形砖用作墓室地面、四壁及墓顶，故有汉代画像砖墓之称。画像砖始于战国时期，作为墓室建筑材料，早于汉代画像石墓。画像砖的分布，几乎遍及全国各地，主要分布地区是陕西、河南、川渝。

陕西省是西汉的皇都所在地。从秦咸阳宫、汉长安城及茂陵发现的画像砖，是秦汉早期画像砖中最重要的实物，这些发现填补了战国到汉武帝这一段画像砖的空白。这批砖分为建筑用砖和墓葬用砖。这些砖有空心长方形大砖、实心条砖（只有茂陵有发现）和铺地实心方砖。砖上图画均为模压而

❶ 徐州博物馆：《江苏沛县栖山汉画像石墓清理简报》，载《考古学集刊》1982 年第 2 期。
❷ 嘉祥县武氏祠文管所：《山东嘉祥宋山发现汉画像石》，载《文物》1979 年第 9 期。

成，有一砖多图、一砖一图。陕西的这些画像砖是秦汉时期年代最早的，它基本上奠定了以后画像砖的砖形、模印形式等见图 5-1。

图 5-1 汉画像砖 · 杂技图

河南画像砖主要分为洛阳、郑州、南阳三大类。

洛阳画像砖都是空心大砖，年代从西汉武帝到新莽时期。洛阳画像砖一般在周边有一条用几何图案组成的装饰带，而在余下的大片砖面上，用模子印上人物、雀鸟、走兽、树林。人物主要是王曹、射手、迎谒者等，走兽主要是虎、豹、马、天马、狗、鹿等，雀鸟主要是鹤、雁、鹰、凤鸟、朱雀等，树木主要是扶桑树等。洛阳画像砖的艺术风格是很独特的，在短短的 100 多年里，它突然兴起又突然消失，看不出它与关中地区秦、西汉前期的砖之间的联系，也看不出它与郑州战国晚期画像砖的联系。同样，在其余地区也看不出与洛阳画像砖风格雷同的作品。

郑州画像砖，时间从西汉晚期至东汉早期，基本上都是空心砖。郑州画像砖风格比较“密集”，都用同一小模或几种小模重复地在砖坯上密集地印上模样，有时还出现前模压后模的重叠现象。郑州画像砖最重要的意义，是将大量贵族生活和神话传说引入画像砖这一艺术形式里。在郑州画像砖中可看到出现在画像砖中最早的西王母、东王公形象，车马出行、象人射凤形象及击剑、斗鸡、赛马等多种多样的社会生活的形象。郑州画像砖中，艺术成就高的主要是一些阳线刻，其中以密县和禹县两处最有特色。密县的画像砖，体现出一种率意、洗练的概括能力，如小吏、门吏等，用线简练而生动；禹县的画像砖，则工整严谨，每一线的走向、线与线的连接都很注意，如捧笏小吏等。这些画像砖，代表了当时郑州地区成熟的创作和制作水平。

南阳地区的画像砖，主要时间是东汉中期至东汉晚期，画像分别存在于空心砖、罗心方砖、实心条砖上。南阳画像砖题材更加丰富，在内容上比郑州画像砖增加了从未出现过的题材，如戏车、仙人六博等。而历史题材如泗水取鼎、二桃杀三士等，也从画像石中进入了画像砖。南阳画像砖主要分新野、淅川两种类型。淅川以小型砖为主，新野以大型砖为主，它比淅川的画像砖更有代表性。新野有长方形大空心砖、长方形实心条砖和实心大方砖。这些砖的制作用料讲究、砖质细腻。从造型手段来看，新野画像砖浮雕的形体处理得恰到好处，如朱雀的脚和脖子浓缩为凸起的线条，显得劲健有力，造型优美。

川渝的画像砖以分布地域广、反映内容丰富、艺术手法多样著称。分布地区东起巫山、忠县，西抵平武、宝兴，北起广元、渠县，南达西昌、宜宾。在这广阔的地区内，各地均发现了画像砖，其中成都地区的发现最丰富。成都地区画像砖有多种多样的艺术样式，这与汉代时成都地区的富庶有关。

川渝画像砖的艺术手法多种多样，阴刻线、阳刻线、浅浮雕、高浮雕等各种技法皆具备。这些技法不单独使用，在很多地方是综合使用。由于多种艺术手法的存在，一个时期或一个地区往往并不只流行一种艺术样式，而是多种样式同时并存。成都及附近地区，画像砖发现的数量多，品种也较齐全。这些画像砖小到成都一地，大到成都附近县市，都呈现出艺术风格的差异，如成都青杠坡出土的砖，为纯粹的浮雕，无线条的使用；成都羊子山、曾家包出土的砖，则多用阳线条表示人或物的结构。将成都与附近县市的砖作比较，更能看出多种多样的艺术手法。彭县九尺辅出土的砖，彭山县崖墓中出土的砖，形象浮起很高，浮起部分没有面的起伏，均在一水平面上，如《家居》《车骑出行》等砖。新都县、德阳市出土的砖，砖面的浮起不仅高，而且浮起部分面的起伏明显，但就在这种浮雕明显的砖上，很多部位又不进行浮雕而只用阳线条表现结构，如《导从前驱》一砖，马是采用较高的浮雕，车与导从则只用阳线条勾勒出形象。各种各样的艺术手法，丰富多彩的表现力，加上对社会各层面的广泛反映，使川渝画像砖充满了独特的艺术魅力。图 5-2 为《酒肆图》。

（1）砖　　（2）拓片

图 5-2　四川汉画像《酒肆图》

从画像砖艺术形象的发展与交流看，在物象造型、艺术手法等方面可以看到几个分布区之间的关系，如凤鸟衔丹，首先出现在关中地区的秦凤纹砖，到西汉改阴刻为浮雕（茂陵丹凤砖、任家嘴凤纹砖、朱雀纹砖），其间跳过洛阳、郑州两地，又出现在南阳新野东汉画像砖《交龙凤鸟》《交龙羽人骑虎》上，出现在四川成都东汉的《凤阙》等画像砖上。这些凤鸟衔丹的形象，除了阴阳线刻的不同外，造型基本上是一致的。龙虎纹砖样式，最早出现在西汉武帝时期，长方形空心砖正面中部为方格云纹及方格莲瓣组成的图案，周边饰线雕龙虎纹。郑州出土的长袖舞斗虎空心砖，砖正面中部是方格五铢钱纹和乳钉纹，周边饰以浅浮雕长袖舞、斗虎图纹。这两块砖相同的地方都是长方形空心砖，都在砖的正面中部印满方格图案，在砖的周边以重复的图纹作边饰；不同的只是细微的改变，如将方格内莲瓣纹改为钱纹和乳钉纹，将边饰重复图纹由龙虎纹改为长袖舞、斗虎纹。从总的装饰手法和画面结构来看，郑州长袖舞斗虎砖是对茂陵龙虎纹砖的直接继承。此外，从茂陵画像砖上的浮雕白虎，到任家嘴画像砖上的浮雕白虎，从任家嘴砖上的阳文白虎，到洛阳、郑州、南阳、川渝等地砖上的白虎，在动态和表现手法上，也都能找到它们之间的继承关系。

第三节　汉代壁画

在汉代以前就出现了用图绘的形式装饰墓室，如西周、战国少数墓室的墙壁上就绘有非常简单的几何纹样。但墓室墙壁上的绘画开始衍生出图像，并把墓室中的图像作为一种思想和观念的载体，最终形成一种普遍的丧葬文化现象，从现有资料看，应该出现在汉代。汉代墓室中的装饰壁画，兴起于西汉早期，流行于东汉，延续到汉魏之际，经历了近四百年的发展，形成了一套系统和完整的墓葬图式体系，直观地表达了汉代人的丧葬观念和人生信仰。研究汉墓壁画的图像、风格及其发展、变化的脉络，对于了解汉代文化审美思想观念和绘画的造型技巧与表现形式都具有重要意义。

汉墓壁画的发现，始于东北地区，20 世纪 50 年代以前，汉代墓室壁画仅在东北等地区有零星发现。从 20 世纪初到 1945 年，随着西方考古学的东渐，日本人在东北地区进行田野考古，先后发掘了辽宁省辽阳北园、迎水寺、玉皇庙、南林子及大连营城子等地汉魏时代的壁画墓。20 世纪 20 年代末，河南省洛阳市旧城西八里窑的一座西汉晚期空心砖壁画墓也因被盗掘而发现，部分空心砖现藏美国波士顿美术馆。

1952 年和 1955 年，在河北省望都县先后发掘了东汉晚期的两座大型砖室壁画墓。到 1966 年止，通过对洛阳市烧沟西汉晚期无名氏壁画墓、山西省平陆枣园村墓、江苏省徐州黄山陇、山东省梁山后银山、河南省密县打虎亭东汉晚期的两座大型壁画墓、内蒙古托克托及辽阳棒台子和三道壕等多座壁画墓的发掘，初步了解到汉墓壁画的分布情况及区域特点。20 世纪 70 年代，又先后发掘了河北省安平县逯家庄、定县八里店，陕西省千阳，内蒙古和林格尔东汉晚期大型砖室壁画墓和洛阳西汉晚期卜千秋壁画墓，从而进一步全面了解到汉墓壁画的分布特点、产生年代和题材内容。1986 年 8 月，又发掘了辽阳北园三号墓。1987 年 4 月在西安交通大学校园内发现的西汉墓壁画是迄今最早、最完整的天象图壁画。20 世纪 90 年代以来，发掘了内蒙古托克旗巴彦淖尔凤凰山东汉壁画墓、河南洛阳东郊机车厂东汉壁画墓、河南洛阳东北郊朱村东汉——曹魏壁画墓等，至此已发掘的汉壁画墓共计 40 多座。图 5-3 为洛阳汉墓壁画。

图 5-3　洛阳汉墓壁画

汉墓壁画可分前期、后期壁画。前期为西汉早期到东汉早期，仅有八里台、烧沟无名氏、卜千秋、枣园、千阳、西安、内蒙古鄂托克、商丘等地 8 座，后期分为东汉中、晚期，包括所有汉墓壁画。它们的分布可划分为 6 个区域：

第一区域也就是前期壁画墓，以河南洛阳发现的西汉壁画墓为例，主要有 1967 年在烧沟以西发掘的壁画墓，墓内出土了一枚印文为“卜千秋”的铜印章，可以判断墓主人的姓名。根据此墓的墓室结构和出土遗物，与烧沟墓区的西汉墓对照，推断此墓为西汉晚期元帝到成帝时期的墓。墓室内的壁画内容，描绘的均是引魂升仙。墓中门额上绘有人首神鸟，主墓室顶脊上东西两端分别是云雾缭绕的人体蛇尾的伏羲女娲，伏羲前是内含三足乌的太阳，女娲前是内含桂树和蟾蜍的满月，这些用来象征天空。画面中段是升仙的场面，前有一羽人引导，其后随有双龙、白虎、朱雀等仙禽神兽，再后是一位拱手的仙女，跪迎驾驭着龙凤前来的一对夫妇。整幅画面长 4. 51 米，分绘于 20 块砖面上，合组成一幅死后升仙图。1987 年在陕西西安交通大学西汉墓中发现的壁画，表现大型二十八宿图像，构图浑然一体，色彩明艳绚丽。墓室的壁画内容主要为两部分，第一部分是墓室顶部及后壁上部，第二部分是墓室四壁下部，中间以绘于四壁的横向菱花纹带分界。主室壁画上部代表天空，下部象征山川大地。上部壁画以仙鹤、祥云和日月星辰图案为主，绘有二十八宿星辰及苍龙、白虎、朱雀、玄武四神图像。彩云间绘有姿态各异的仙鹤，祥云线条流畅，运笔自如。二十八宿加绘形象生动的人物、动物来说明各宿的名称，使人一目了然。

第二至六区域各具特点。豫、苏、皖、晋区的壁画墓，像区域流行的画像石墓一样，大多采用纯石结构或砖石混合结构，而且壁画和画像石往往混用。墓型有两种：①较简单的，如东汉中期的后银山墓，是砖石结构前后室墓，长4.55米，宽3.17米，壁画绘于前室，内容主要有淳于卿出行、曲成侯驿故事和天象等。②墓室结构复杂，规模巨大的东汉晚期墓室，有前、中、后三重主室，长达15米左右。其中黄山陇墓和董园村2号墓为纯石结构，打虎亭汉墓为砖石混合结构。除黄山陇墓外，其余三座墓墓门都有精美的石刻画像。墓主车骑出行和乐舞百戏是本区壁画的主要内容。冀中至冀南区全是规模宏伟的多室砖墓，多横券顶，一般有前、中、后三重主室，长达20米。长城沿线区的墓形与冀中、冀南区相近，但多穹窿顶。其中，托克托县闵氏墓由前、中、后三重主室和5个耳室组成，全长13米多。壁画主要绘于中室及东、西耳室，内容残存有侍女、车马、庖厨等，画像旁的墨书榜题，证明墓主为闵姓豪强。和林格尔汉墓壁画是本区最大，同时也是迄今所见内容最丰富的汉墓壁画。榆林一带的汉墓壁画，多以朱、黑等色直接绘于砖墓上，内容主要有车马、人物、建筑等，年代可能早至东汉中期。辽阳区的壁画墓除营城子为砖结构外，其他均为石结构。大型墓平面呈方形，由前室、后室、回廊、两个耳室和数目不等的小室组成，长、宽一般均在7米左右。小型墓由前室、后室和1或2个耳室组成，后室多分为2个或3个棺室，一般长5米左右。壁画直接绘于石面，内容以车骑出行、百戏和宴饮等为主。

目前发现的汉代墓室壁画，西汉早期的作品资料很少。西汉中晚期壁画墓中主要的绘画大部分表现了死后引魂升仙和表现死者生前生活的主题。东汉的壁画墓中，特别值得重视的是河南密县打虎亭2号墓，内有长卷式画面的车骑迎宾、宴饮等图像，分别绘制在中室东段南、东、北三面墙壁的中部，场面宏大，色彩绚丽，人物繁多，其中宴饮图绘于北壁，规模十分庞大。除彩色壁画外，墓中还有以墨绘的壁画，石门、门额、门柱等处有大量画像石刻，题材丰富，云气缭绕中的仙人神兽居多。

墓室壁画是丧葬文化的一部分。通过分析汉代墓室壁画的内容题材，可以清楚地看到汉代人的精神架构。通过研究两汉墓室壁画，可以发现西汉晚期到东汉前期的壁画具有浓厚的神仙色彩，而东汉后期墓室中的壁画，题材和造型出现了程式化的趋势，墓室中的壁画往往出现榜题，还有大量绘制的车马、属吏、衙署等。

西汉晚期到东汉早期，壁画主题多升仙、神异、天象、辟邪内容。汉代极为重视生命的延续，人们相信，人死后可以升入天上世界。葛洪说：“按

《仙经》云，上士举行升虚，谓之天仙。中士游于名山，谓之地仙。下士先死后蜕，谓之尸解仙。”升天成仙是死而复生，是生命的一种升华。人喜生而厌死，但死亡仍然要来临。为了摆脱死亡的恐惧，汉代人幻想出一种不死的信仰，就是升仙。在两汉，尤其是西汉壁画墓里，反映的正是汉代人的这种思想，也正是这种思想导致升仙题材在汉墓壁画里无处不在。

1987 年，在西安交通大学校园东部发现汉墓。❶ 墓室为小砖券砌，年代在西汉晚期宣帝与平帝之间（前 73—公元 5）。主室内券顶及东、西、北三壁绘壁画，表现天堂仙界的景象。券顶天象图是迄今发现的最早的天象图壁画之一，圆心绘日月，圆环中二十八宿和四象相配，附带用人物、动物形象来说明各宿的名称，圆环外满绘彩云翔鹤。后壁绘羽人持灵芝引导墓主灵魂升天，下有鹿鹤。三壁下部在勾连云纹中点缀种种奇禽异兽。绘制方法是在砖面上直接刷白粉，再刷赭石，最后勾廓填色。构图饱满，色彩明丽斑斓。据专家研究和仪器分析判断，此墓所用颜料颗粒非常细腻，绿色和白色极为纯净，而青莲色在当时还不多见，是用当地出产的天然矿物调制而成。

在洛阳市周边的偃师和新安发现有重要的东汉壁画墓。1984 年发现的偃师杏园村东汉墓为前堂后室砖券墓❷中，前室的南、西、北三壁壁画因封砌于夹墙中保存较好，画面前后衔接，共同构成一幅长达 12 米的车骑出行图。其中绘有车 9 乘、人 70 余名、奔马 50 余匹，颇具气魄，大致可分为前导属吏、墓主、眷属随从 3 组。壁画中人、马、车均以墨色直接平涂或渲染，局部勾勒。北壁东段出行图下还发现一小幅庖厨宴饮图，但画面漫漶难辨。根据墓葬特征和壁画内容，报告推断该墓年代为东汉晚期。

安平汉墓有“唯熹平五年”（176）的榜题，是纪年明确的大型砖室墓，由前、中、后室及耳室、侧室共十室二龛组成，规模宏大，结构严整，纪年明确。原报告怀疑墓主可能同家在安平、灵帝时封列侯的宦官赵忠有关，亦有人认为当是安平王。墓室内壁画分布在中室、前室右侧室和中室右侧室这三个相通的墓室中。中室周壁绘出行图，用格线分为上下四层，首尾衔接。主车及导从的车骑步卒安排得井然有序，前呼后拥，阵势显赫。整幅车马出行图描绘了 100 多名步骑导从、72 辆车，死者地位之尊贵、声势之显耀一望便知。前室右侧室与中室右侧室的壁画共同表现属吏等候墓主召见

❶ 陕西省考古研究所、西安交通大学：《西安交通大学西汉壁画墓》，西安交通大学出版社 1991 年版。

❷ 中国社会科学院考古研究所河南第二工作队：《河南偃师杏园村东汉壁画墓》，载《考古》1985 年第 1 期。

的情景。中右侧室南壁居中绘墓主人端坐帐内，帐右与帐后绘男女侍。墓主面部丰圆，身着褒衣大裙，头戴巾帻，右手执便面。图中榻、屏风、帐、几的组合可以视为东汉家具布置的典型。汉墓壁画中代表墓主形象的画面虽多，但此幅最具肖像特征，开启了魏晋南北朝时期墓主坐帐像之先河。墓主像旁边北壁西侧以鸟瞰视点绘制了一处府第，规模庞大，结构复杂，布局规整，界画工致，尤其是以熟练的透视技法绘出空间深度感，成为观察中国绘画建筑空间表现的早期实例。

1991 年，洛阳市第二文物工作队调查发掘了东北郊的朱村墓。该墓为砖券横主室，附带一耳室，规模较小，但画面比较清晰，色彩保留尚好，构图完整，技法多样，达到了较高的艺术水平。

在现存的几十座壁画墓里，西汉早期的壁画用笔极其工细，色彩更为瑰丽。以洛阳卜千秋墓室壁画艺术特点最为典型。画面各种形象生机盎然，充满活跃的势态。画面的线条平稳而又产生变化，如朱雀的颈和项等处，线条工整平稳，但在朱雀的尾部和围绕其间的云气等处，用线则处于变化之中：既有粗细变化，又在运笔的速度上下了一定的功夫，见图 5–4。

图 5–4　洛阳卜千秋墓室壁画 · 人面鸟身神

东汉晚期的壁画作品逐步走向大写意的风格，出现了不勾轮廓而直接施色的没骨法。在构图上开始注意比例和透视关系，技法更加成熟。典型的例子是和林格尔墓室壁画，此画内容之丰富，技法之成熟，不仅在汉代墓室壁画中，而且在其他各代的墓室壁画中都首屈一指。和林格尔墓前室的壁画内容，包括表现墓主生前升迁历程的出行图和表现墓主执掌的使持节护乌桓校尉幕府圈。前室南耳室表现牧马和牧牛，北耳室表现碓舂、谷仓和炊厨，大力表现的畜牧场面都是具有地方特色的题材。从前室靠近中室处到中室的东壁和南壁，逐一展示墓主治理过的各座城市。中室西壁和北壁在上部借历史人物和祥瑞来颂扬墓主的政绩，下部是墓主燕居宴饮的优裕生活以及为主人服务的厨炊和乐舞百戏。后室主要表现墓主晚年的生活场所和情景。全部壁画组织成一个相互联系的有机整体，重点各不相同，但都围绕着墓主展开。最值得注意的画面之一是出行图，如连环画长卷，环绕四壁，浩浩荡荡，是迄今为止所见最壮观的出行图。在画面安排上有疏有密，有分有合，主车与从车、从骑、随员的聚散呼应，画面富于节奏感。另一个特别重要的内容是分栏排列的孝子、圣贤、列女等历史人物和祥瑞，数量之多在汉墓壁画中也极为少见。

第四节　汉代帛画

现存帛画都出于先秦、两汉墓葬。迄今为止出土有20余幅，主题多与丧仪习俗和附葬帛书内容有关。帛画与丧葬、图书的密切关系与古代天人观念紧密相连，墓葬中保存下来的帛画，为我们了解其所属时代的宗教信仰、巫术礼仪、思想文化、丧葬习俗等提供了现实的依据。汉代以后可能由于葬俗的改变，人们不再制作或随葬此类助丧帛画，葬俗的发展与变化又最终决定了此类帛画的命运。与此同时，以寓教为主的历史和现实人物与生活类绘画，因其适应社会需要而逐渐发展起来。

帛画就外在形式而言，一般都作单幅，主要置于椁下或棺上，也以书“图”的形式出现于帛书之中，大多以丝帛为载体，以毛笔作画。画面的艺术形象和艺术效果都以线描表现，并以墨色作为绘画的基本色调。绘画形制上已形成上裹横杆的挂轴式定式，这无疑为后世卷轴画的发展奠定了绘画材料、技术及形制的基础。至于帛画的主题内容，既有超自然的亡灵神异，又有现实社会的人类生活，成为中国早期艺术题材从观念动物向写实人物转变的典型代表。因此，从某种角度讲，我们可以说帛画是中国古代传统绘画的祖源。

随着田野考古事业的发展和各地有计划的考古调查与发掘，出土的帛画数量不断增加。20世纪50年代以来，甘肃省武威东郊的磨咀子一带西汉晚期至东汉的墓葬发现72座，经多次清理和发掘后，出土帛画3幅。1972—1974年，湖南长沙先后发掘了马王堆西汉墓群，共发现13幅帛画，其中1号墓棺盖上放置的T形帛画内容最丰富。1976年，山东临沂金雀山9号西汉墓也出土了1幅帛画。1978年，金雀山13、14号西汉墓又出土帛画残片各一。整个70年代，马王堆汉墓帛画独领风骚，包括考古、历史、美术史、文学史等各界在内的众多学者都参与了讨论。而在马王堆诸多帛画中，学者们对汉代帛画的名称、功用和内涵等问题的研究基本是以1号墓T形帛画为切入点展开的。

马王堆1号汉墓T形帛画是一幅长约200厘米的绘画作品。由于画幅上宽下窄，画面自然分为上下两部分，其中宽92厘米、长67厘米的上部绘日月、升龙、蛇身神人等图像，展现的是无垠的天宇境界；宽47.7厘米、长38厘米的下部以交璧双龙为中心，上下分别绘制墓主人和祭祀图，画面底部双龙尾处绘海神、双鲛等内容，表现的是地府世界，由此构成一个有机整体。整个画幅上有横杆、丝带，四角有垂带。像这样一幅形制独特，技法精良，可张举又可用以覆棺的帛画，究竟是古代的何物，又有何种功用，引发学术界极大的关注与讨论。因为帛画无自铭，古文献中又没有对此类物件的专述，学者们便对照墓中出土遣册和典籍中有关丧制、旌旗、棺饰等若干记录和注释，展开了热烈讨论。图5-5为长沙马王堆1号汉墓出土的T形帛画。

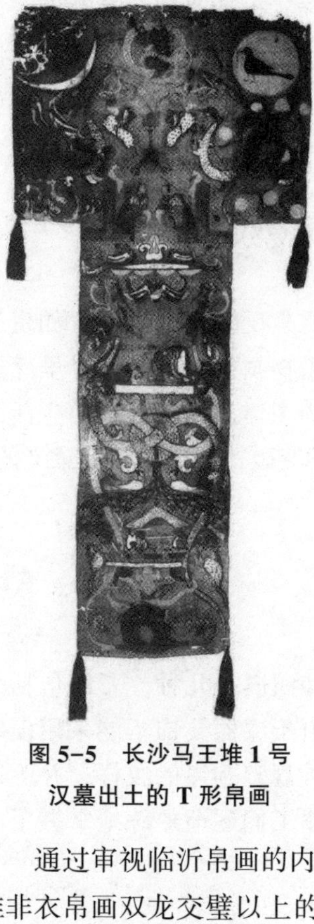

图5-5　长沙马王堆1号汉墓出土的T形帛画

学术界有关T形帛画的名称、功用问题的讨论概括起来有两点，一是帛画为旌幡，二是帛画为饰棺。T形帛画自身的形制及使用特征，已表明它不属于任何棺饰，学术界也很少有人认同饰棺说。在旌幡诸说中，铭旌、“非衣”二说占主导地位，二者或作为古代旌旗的一种，或作为招魂之衣。这两种说法与T形帛画的形制、功用都比较契合，因此，二说长期以来并行于世。两者都认为帛画能代表死者的神明、灵魂，又使它们拥有共同的精神内涵。金雀山9号墓帛画是一幅长200厘米、宽42厘米的长条形画幅。画面依内容可分为三组，上为天，绘简单的日月图，中为人物，下为双龙。人物共24名，自上而下分为五组。第一组在大屋顶帷幕下，共6人，以着蓝衣的中老年妇女为主体；第二组为乐舞图；第三组为拜谒图；第四组分为两个画面，右为妇孺纺绩图，左为问医图；第五组为角抵戏。

通过审视临沂帛画的内涵与结构，金雀山9号墓帛画实际上是仅对马王堆非衣帛画双龙交璧以上的“天”部的继承与发展，“地”部则舍而不取。

整幅画面以三仙山、大屋顶及人物组画为主体，描绘的仙府情境，据此帛画也可称之为“仙幡”。而帛画以仙山琼阁取代汉初非衣的天府神物、以仙境生活取代升天图景的做法，又直接表现出临沂地近东海、神仙思想浓郁的地方文化特点。❶

帛画独特的T字外形和它被发现时覆于内棺的位置使学者详尽讨论了T形来源、门的巫术意义，阐释了营建法则、匠人取法与帛画形制及内容的密切关系等。结合当时盛行的盖天说，T形毋宁说就是人们对天地关系的形象模拟。《晋书·天文》上曾云盖天说：“其言天似盖笠，地法覆槃，天地各上高外下，北极之下，为天地之中，其地最高，而滂渔四愦。”战国以来，随着昆仑神话的广泛传播，人们将灵魂有可能升天、昆仑不死神话与盖天说以来的天地轴心论相结合，创造出T形的神圣形式，并将灵魂升天的想象融入其中，使永生的愿望获得形象、真切的表达。巫鸿在《礼仪中的美术：马王堆再思》中指出：“帛画不再是一件独立的‘美术品’，而是整个墓葬的一部分；墓葬也不再是现成的建筑，而是仪式过程中的产物。”❷ 因此，其研究便集中在包括随葬品和墓葬结构及仪式过程的内在联系上，而不再就马王堆帛画形象逐一释读了。

第五节　漆画，玉饰、铜镜纹饰

汉代的装饰，题材广泛，内容丰富。内容主要是反映人间生活，如贵妇出行、狩猎、歌舞、历史故事、战斗场面等。在人物画中，人间世界虽然还与龙、凤、神话并存，但现实生活却已成为画面的主体。这种以现实生活为主要题材的艺术装饰，是汉代装饰在题材上的一种突破，无疑是很有意义的。这一节我们仅仅介绍一下漆画、玉饰与铜镜纹饰。

一、漆画

汉代漆器的装饰，可分为彩绘、针刻、沥粉和镶嵌等几种。彩绘包括线描、平涂、堆漆和渲染，线描是最基本的手法。由于漆器装饰不能采用模印的方法，而只能依靠手工用毛笔描绘，因此，那种规整拘谨的纹样，并不适用于漆器装饰。以线为主要手法的纹样组合是经漆工们逐渐熟练地掌握了用

---

❶ 陈裡：《古代帛画》，文物出版社2005年版，第37页。

❷ 巫鸿：《礼仪中的美术：马王堆再思》，生活·读书·新知三联书店2005年版，第102页。

毛笔进行描绘的一套新技法，如长沙马王堆1号汉墓出土的黑地彩绘棺，其云气纹的线条是那样的自由奔放，显示出气势磅礴和旋转不息的运动感。平涂的方法有三种：一是用线勾勒物象后涂色；二是先平涂物象，再用线勾勒轮廓，马王堆汉墓出土的漆器，基本上都采用这种方法；三是用颜色平涂物象后，再用线勾勒主要部位，以表现物象的形体结构。长沙砂子塘1号汉墓出土的两件漆奁，朝鲜彩箧冢出土的彩绘孝子漆箧，采用的就是这种方法。渲染法仅见于朝鲜彩箧冢出土的龙纹漆奁。龙的头、足、腹部在平涂底色后，再用渲染法表现明暗。这种方法可以说是绘画技法的一大进步，但很少见。

堆漆法是利用漆黏稠不易展开的特性，用以表现物象的立体感，如马王堆1号汉墓的黑地彩绘棺所绘的神怪，眼、牙、爪和肌肉明显凸出，具有浅浮雕的效果。再如长沙砂子塘1号汉墓漆棺上的彩绘谷璧，也是采用堆漆法，谷粒明显凸起，从而增强了真实感和装饰美。

针刻是用锥状金属工具在漆器表面刻出纹饰，有的还在刻出的纹饰上填以朱色和金色，如湖北光化五座坟3号、6号汉墓出土的龙凤纹漆卮和禽兽纹漆卮，就是针刻后在纹饰上填以金彩；有的则在针刻纹饰以朱色小点或弦纹，如山东临沂银雀山4号汉墓出土的漆奁等。马王堆汉墓出土的漆奁，线条飘动飞舞，简洁流畅，技法娴熟，圆边的弦纹刻画精确，而且圆的中心都有一个小孔，这说明当时已经掌握了比较精确的作圆工具。针刻的主纹多数是云纹和山纹，空隙处间或饰以禽兽、羽人等，边饰则以几何纹为主。

镶嵌是用金属或其他物质镶嵌在漆器上，起装饰和加固作用。商、周和战国时期，有嵌绿松石、蚌泡和铜制作附件的漆器。西汉时期，镶嵌技术又有了新的发展，嵌料有玉、骨、角、玛瑙，还有镶嵌铜、锡或铜锡鎏金银。这样制作的漆器又称扣器。西汉中期至东汉初，扣器的制作技术更臻纯熟，器物更为精美，如江苏连云港海州网疃庄汉墓出土的银扣漆器，长沙马王堆3号墓出土的博具，四角嵌有用角骨雕成的飞鸟，都是汉代扣器中的精品。

二、玉饰

中国文化中一直有用玉的传统，玉在古代除了它的实用功能外，还是一种礼器，如玉璧、玉琮、圭璋等。汉代在继承先秦玉文化传统的基础上，又有了新的发展。汉代的玉器纹饰是了解那个时代重要的图像资料。在徐州楚王陵、满城汉墓、广州南越王墓等汉代大型墓葬中，都出土了非常精致的玉器。

汉代的用玉制度与玉纹饰反映了汉代人的审美观念，如玉佩在汉代十分流行，不仅有充满时代感的独佩，还有赋予战国遗风的形神兼备的组佩。从这一时期的考古发现可以看出，这些玉器都出自主棺或陪葬棺中墓主或殉葬人的身上，它们是主人生前的饰物，表明这类玉器的用途。汉代佩玉已形成制度。《礼记》记载："天子佩白玉而玄组绶，公侯佩山玄玉而朱组绶，大夫佩水苍玉而玄组绶，世子佩瑜玉而綦组绶……"仅帝王冕服上的冕疏所饰之玉就有许多讲究：天子的冕旒用12玉，皆为五彩玉，即朱、白、苍、黄、玄，并按照这样的顺序，反复以丝绳贯而穿之。穿玉的丝绳称为玉藻，亦由五彩丝绦组成。公每旒用9玉，为三彩玉，即苍、白、朱三色。以下侯伯每旒7玉、子男每旒5玉。据《周礼·春官》记载，不同场合所穿的冕服不同，这些冕服上冕旒的玉串也有所改变。以天子为例，如祭祀先王时天子着衮冕，冕旒前后各12旒；宴飨宾客时，冕前后各有九旒；祭祀四望山川着毳冕，冕前后各有7旒；祭祀五谷之神着希冕，冕前后各五旒；祭祀林泽等四方百物着玄冕，冕前后各3旒，均用五彩玉，每旒12枚，用玉最多者288枚，最少者72枚，有着严格的规定。这种规定同时也显示了佩戴者的地位和身份。❶

葬玉至汉代时可谓臻于完善，不仅有九窍玉，还有玉枕和嵌玉棺，尤其还出现了令人叹为观止的玉衣。玉衣又称玉柙或玉匣，是汉代皇帝和贵族死后穿戴的殓服。《汉旧仪》载："帝崩……以玉为襦，如铠状，连缝之，以黄金为缕。"它是由战国时兴起的缀玉面罩和缀玉衣服演变发展起来的。汉代时已少见缀玉面罩，已演变成玉衣的头罩了。迄今为止考古发现的汉代玉衣已有20余套，其中较为完整的主要出土于满城汉墓金缕玉衣2套、南越王墓丝缕玉衣1套、河北定县40号西汉墓银缕玉衣1套、江苏徐州东汉墓银缕玉衣1套、亳县董圆村东汉银缕及铜缕玉衣各一套等，尤以满城汉墓出土的玉衣闻名。根据《后汉书·礼仪志》的记载，只有皇帝的玉衣用金缕，诸侯王、列侯始封、贵人、公主的用银缕，大贵人、长公主的玉衣用铜缕。

玉器的装饰纹样有螭龙、凤凰、白虎、四象等，与当时其他图像有相同的文化背景。图5-6为徐州楚王陵出土的玉龙，现藏徐州博物馆。

---

❶ 张锡瑛：《古玉华夏瑰宝》，天津科学技术出版社2001年版，第296页。

图 5-6　徐州楚王陵出土玉龙

三、铜镜纹饰

西汉初期，经济凋敝，铜镜制作粗而不精。铜镜纹饰较前代只发生少量的变化，如龙纹逐步与方连纹相结合，新型的连弧纹镜逐步流行，云锦纹地逐渐向大涡纹地演变，凹面折平线条也开始转变为双线式线条。其中最大的变化就是在我国铜镜工艺史上，逐渐由图形装饰进入铭文装饰，出现图文并茂的式样，主要装饰分地纹镜和非地纹镜两大类。“文景之治”时期，经济得到恢复与发展。汉武帝时期，铜镜工艺出现了崭新的面貌，新型非地纹铜镜大量涌现，彩绘图形也偶有所见。以往常见的三轮钮演变成球形钮，并出现了独具特色的连峰式钮。素卷缘逐渐变为高而窄的素面平缘。到西汉末期，纪年铭文镜也开始出现。

西汉铜镜的演变大致可分为早、中、晚三期。

早期，在汉武帝以前，除了东周式铜镜继续少量流行外，主要为云锦纹地各式龙凤纹镜、变形龙凤纹镜和蟠螭纹镜，具有较多的楚式镜风格，而且地纹镜占铜镜总数的 90% 左右。这时地纹镜中的大涡纹地逐渐代替其他地纹，其中铭文镜的出现具有重要意义。

中期，约相当于汉武帝时期至昭帝以前，这时铭文镜极盛一时，地纹镜逐渐消失，常见的有日光镜、照明镜、草叶纹镜和星云纹镜。镜子的缘部以素窄高缘为主。

晚期，约相当于汉宣帝以后直到西汉末，这时镜体相对变薄，素面平缘变宽，并出现了双线锯齿折波纹装饰。图案线条纤细而作白描式，并出现四神镜，仙人图像也开始出现。

处于西汉与东汉之交的新莽时期，起着承前启后的作用。这一时期，西汉四乳S纹镜，清冶铜华铭文镜仍继续流行。新莽铜镜中最明显的特点，是镜缘中的带状花边装饰逐渐盛行。除西汉时期常见的素面折平缘外，这时最流行几何形双线折波纹，其次是流云纹，也有少量锯齿折波纹，锯齿流云纹和卷叶纹等。主纹以铁线状白描式仙人禽兽纹为主，“四神”与“四灵”图形也逐渐完备。但图形往往不全，有些为左青龙，右白虎，而上与下部均饰以朱雀，有些饰左青龙，右白虎，上朱雀，下瑞兽，也有些饰左青龙，右白虎，上朱雀，下蟾蜍。由此可见，“四神”中缺少“玄武”。图形中经常有“羽人”——仙人，或其他瑞兽，如三足乌、九尾狐等。新莽时期的铜镜中，常见的图形有羽人（仙人）、四神、四灵、三足乌、九尾狐、玉兔、蟾蜍、熊和人面神兽等。内容以反映升仙思想的仙人禽兽为主，这种图形的出现，与新莽时期流行的阴阳五行与谶纬祥瑞之说有着不可分割的联系。

东汉时期铜镜制作工艺，大致也可分为早、中、晚三期。

早期，汉光武帝建武元年（25）到和帝元兴元年（105），这一时期，东汉王朝在废除王莽制订的各种制度的同时，恢复了西汉时期的政策。至明帝之时，社会出现了富庶的景象。手工业，特别是铜镜铸造工艺得到发展，制作十分精美，图形装饰在继承新莽铜镜的基础上而有变化，使纹样变化更多，铭文的内容也更适合东汉特点，如“新有善铜”变作“汉有善铜”。但如半球形钮、柿蒂纹钮座、方形钮区中的十二地支铭等仍保持新莽时期的特点。这时图形线条以铁线为主，常见的图形以仙人瑞神禽兽为主，升仙思想仍占据重要地位。官方铸造的尚方铭文镜大量流行，属私人经营的姓氏镜也开始出现，如“杜氏做镜”等。边缘装饰，有锯齿折波纹、流云纹、各种忍冬纹和带状仙人禽兽纹等，也有素面无纹的，一般较为精良。

中期，汉殇帝延平元年（106）至桓帝永康元年（167），这一时期，社会经济遭到破坏，铜镜铸造工艺也显得比较粗放，浮雕式禽兽纹和乳钉环带式装饰增多，规矩纹镜相对减少，十二地支铭方形钮座已不出现。私人制作的姓氏镜大为增多，如张氏、李氏、吕氏、杜氏做镜等。

晚期，汉灵帝建宁元年（168）到灵帝中平五年（189），这一时期，社会十分动乱。人们从宗教信仰中寻找寄托，随着佛教传入，在铜镜图案中，具有佛教特色的浮雕神兽纹和佛教式莲花座装饰逐步盛行。

在汉画研究中，铜镜的装饰纹样也是一个值得研究的课题，如规矩镜、四神镜、西王母镜、瑞兽镜等，都与那个时代的审美观念有密切的联系。

第六章　汉画像中的生态美学蕴涵

第一节　汉画像中诗意栖居生态美

海德格尔在1951年的演讲谈到了荷尔德林的一首诗，诗中有这样一句话："充满劳绩，然而人诗意地栖居在这片大地上。"❶海德格尔以这一句诗作为切入点，解读了全篇，提出了"人如何诗意地栖居于大地之上"这个疑问。面对这个问题，海德格尔认为人面临着一个双重要求：一方面依据栖居的本质思考人之生存；另一方面，要把做诗的本质思为一种筑造，让栖居。意即通过"诗意"或是说"做诗"方能使人的栖居成为生存本质的栖居。现代人的生存显然远远脱离于"诗意"，我们远离着大地，居住在各种不同的住所之中，筑造着种种为了自身欲望的"劳绩"，人从中被剥离出来，成为无所依托的"流亡者"。而在距离现在十分遥远的汉代，我们的先民栖居于大地的怀抱中酣然地"吟诵"着诗歌，在宇宙中寻找着自己的生之所往和死之所归，用他们的"存在"照耀着两千多年后的我们。从反映汉代人生活和思想的汉画像中，我们可以寻找到这些光辉的踪迹，感受到汉代人的生存状态和其中反映出的"天、地、人、神四元合一"的生态美学观。

一、无所不在的神

汉代是一个多神崇拜的时期，人们为了趋福避祸，几乎在能想象到的生活的方方面面都侍奉有相应的神灵，有自然力的神，如风神和雨神；有地方神，如金马碧鸡之神；还有专司各类职业技术的神，如灶神和纺织神……这些神仙在汉画像中常常被描绘为具有混合的外观，居住在山陵之中。值得注意的是，他们与凡人之间并非是隔绝的关系，汉代人认为宇宙是由天上世界、地下世界、人间世界、神仙世界四部分构成的，这与海德格尔所认为的

❶ ［德］海德格尔著，丹明子编：《海德格尔谈诗意地栖居》，中国工人出版社2011年版，第100页。

“天、地、神、人之纯一性的居有着的映射游戏，我们称为世界。世界通过世界化而成其为本质”是具有一致性的。在汉代人的观念里，天空、诸神、大地和人之间的关系是统一于人的生存的，也是符合宇宙本质的。人是置身于宇宙的“小宇宙”，世界是人的存在方式。

从神的形象上看，以山东嘉祥县武山出土的《东王公、庖厨、车骑出行图》（图 6-1）为例，西王母从外形上看无异于凡人，而两旁的神仙侍者则是半人半兽的形象。这种设计或者说是人对神仙形象的想象意在说明人与神乃至自然之间的同质同构、同造共生。而汉画中升仙图像的刻画则更加说明了人与神之间是没有绝对界限的，神是不可知的，却又是有尺度的。海德格尔认为：“神性乃是人借以度量他在大地之上、天空之下的栖居的‘尺度’。唯当人以此方式测度他的栖居，他才能够按其本质而存在。人之栖居基于对天空与大地所共属的那个维度的仰望着的测度。”❶ 所以说，对神的塑造是人的神性的体现，“不可知的神作为不可知的东西通过天空之显明而显现。这种显现乃是人借以度量自身的尺度”❷。让“不可知”诗意地显现出来就是诗人的使命，在诗意的栖居之下每个人都是诗人。

图 6-1　《东王公、庖厨、车骑出行图》

在汉代人对神灵的设想中，神灵是存在等级观念的。神灵的等级设置和人间是相似的。另外，重要神灵的设置与自然的关系十分密切，如五帝、后土和太一。五帝来源于五行，后土即大地之神，太一则是如同“道”之所存的神灵。这两点说明了神与人、与自然的关系，他们彼此之间的观照并不是单纯地相似，而是如同“四方游戏说”的内涵一样，是一种“生生”之道，甚至比“游戏说”更为奥妙。因为天、地、人、神既各自存在，又无法割裂彼此。

❶ ［德］海德格尔著，丹明子编：《海德格尔谈诗意地栖居》，中国工人出版社 2011 年版，第 105 页。

❷ 同上，第 107 页。

二、亲近自然的生活

汉画像中有很多反映人与自然平等共生、和谐相处的图像，如反映万物浑融一体的人首兽身图像、表现万物有灵的神禽异兽形象和体现自由的人与鸟兽共舞的场景，等等。汉代人面对自然呈现出一种自由、依恋的状态，通过恢弘的汉画艺术不吝地赞美着它。

鲁惟一认为，在秦汉时期中国人关于自然秩序的观点主要包含三种原理，即五行、阴阳和道。这些观点共同的核心在于，承认自然世界的生命灵性。这种思维模式产生的一大因素正是人们对自然魅力的亲附和敬畏。另外，“道是一个充满了各种创造物的内在系统，甚至这些创造物也拥有自己的智能……阴阳五行解释了道的运作”❶。在这样的思维系统之下，通过对自然内在规律的认识，人们意识到自身只是自然秩序的一部分，只有顺应“道”的规律、顺应自然才能成事。汉代人置身于自然之中，既把自然视为自己栖居的家园，也把它当成审美的对象。在这种欣赏之中，不断亲近自然，达到天人合一的状态。武氏祠汉画像石中有云气化生成各种动物的图像，正是对自然美的欣赏激发出了审美主体的想象力，在这种想象中，万物被天地赋予灵气，人在其中不仅仅是欣赏者也是参与者，并将自然美升华为一种“家园之美”。汉画像呈现的生态美肯定了人的存在，对比单纯对自然的膜拜，这是十分具有超越性的。“‘诗意的栖居’与‘家园之美’包含着十分丰富的人的‘生存’内涵，恰恰就是由于人与自然共生中的‘美好生存’才将生态观、人文观与审美观统一了起来。”❷

三、死亡与永恒

海德格尔在著作中写道：“人作为终有一死者成其本质。人之所以被称为终有一死者，是因为人能够赴死。能够赴死意味着：能够承担作为死亡的死亡。唯有人赴死——而且只要人在这片地上逗留，只要人栖居，他就不断地赴死。但人之栖居基于诗意。”❸ 人的存在因死亡而具有价值，人的“赴

❶ [英] 鲁惟一：《汉代的信仰、神话和理性》，王浩译，北京大学出版社 2009 年版，第 50 页。

❷ 曾繁仁：《生态存在论美学视野中的自然之美》，文艺研究，2011 年 6 期，第 42 页。

❸ [德] 海德格尔著，丹明子编：《海德格尔谈诗意地栖居》，中国工人出版社 2011 年版，第 106 页。

死”为存在增添了诗意。汉画像石的兴盛与汉代的厚葬之风有关，而这种厚葬之风与汉代人对死亡的看法是密切相关的。“厚葬久丧的行为不能完全由风气奢华、经济富裕，甚至孝道思想所解释。人之所以愿意厚葬死者，总是基于某种对灵魂或死后世界之相信。汉代并非厚葬风俗之起源时代，亦非对灵魂及死后世界信仰之开始，但是汉人对于死后世界的想象却明显比前代更为清楚……汉代厚葬风气的形成与这种对死后世界的想象的具体化应该有相当密切的关系。”❶ 这种“想象的具体化”源于他们对死亡深刻而富有想象力的思考，汉代人崇尚“事死如事生”，所以汉代的死亡观就包含了对生存和所生存的世界的看法。汉画像石墓通常是仿造生人住宅的结构建造的，因为它是作为死者的死后居所。《礼记》中写道：“魂气归于天，形魄归于地。”❷ 人死后魂魄分离，灵魂上天，鬼魂（魄）下地，这样就和汉代的宇宙观有了联系。死亡成为一种无限可能的转化，人们希望延长生命，却也甘心赴死，这种现代人看似矛盾的观念在汉代人眼中并不认为它们是相互排斥的，这只是天、地、人、神的一场游戏。

汉代人的丧葬习俗把他们对死亡的看法表达得很充分。例如，他们墓葬位置的选择、墓葬结构及墓葬中的装饰都是按照对宇宙的认识和理解来布置的。汉代人会花很多功夫来决定墓葬的位置，决定方法主要依靠占卜，需要上观天文、下察地理的占卜之士。之所以如此，正是由于唯有顺应自然、感应自然之力选择的墓葬之地才能不生凶邪、荫庇子孙，而墓葬中的摆设和汉画像的构图更是严格地遵守阴阳五行和宇宙秩序（图 6-2）。“人们不仅试图把死者置于宇宙中的最适宜境地，而且试图提供一条通往来生的道路。”❸ 这种做法源于人们相信人的生命与宇宙一样生生不息，死亡只是其中的一个环节。汉代人把自身当成世界的一部分，并非结构性的一部分，而是相似相融的一部分，整个世界是一个时间和空间无限延伸循环的整体。人诗意地栖居其中，微小而伟大。

---

❶ 蒲慕州：《墓葬与生死——中国古代宗教之省思》，中华书局 2008 年版，第 240 页。

❷ 《十三经注疏（清嘉庆刊本）第三册》，中华书局 2011 年版，第 3156 页。

❸ ［英］鲁惟一：《汉代的信仰、神话和理性》，王浩译，北京大学出版社 2009 年版，第 131 页。

图 6-2　武氏祠西壁画像

第二节　自然生态艺术

一、汉画像中隐藏着节令生态意味

刘汉皇朝践祚四百余年，发达的政治、经济、哲学和科技尽管在我国古代史册上也曾留下了重笔浓抹的锦绣华章，但是，此伏彼起的兵贸战乱在对人类文明带来毁灭性打击的同时，对生态资源也往往造成致命性创伤。急剧飙升的人口数量和人们对于土地、林泽资源实施的掠夺性开发，使天时的润泽和山川的恩惠很快化为乌有。汉代的自然环境渐渐变得脆弱不堪，调节生态和遏制灾害发生的能力大为降低，自然灾害在大河上下、长城内外蔓延不息。据邓云涛《中国救荒史》统计："灾患之作，竟已达三百七十五次之多。计旱灾八十次；水灾七十六次；地震六十八次；蝗灾五十次；雨雹之灾三十五次；风灾二十九次，大歉致饥十四次；疫灾十三次；霜雪为灾九次。""仅次于年年有灾，略多于隔年有灾。""寒气错时，当温而寒""盛夏多寒""湖沼淤涸""覆沙飞扬"❶ 等表现灾异的词句更是充滞于前后汉书、《五行志》及其所引《古今注》的字里行间。自然灾害的频繁发生，在给人们的生产生活带来不利影响，给生命财产带来切肤之痛的同时，有着灵感思维特质

❶ 邓云涛：《中国教荒史》，商务印书馆 1937 年版。

的古人的生态意识也在对自然环境的依赖和对风调雨顺的期盼中逐渐觉醒，使他们更迫切于跟自然环境和宇宙万物建立一种和谐、协调、相互依存的关系。画像石作为汉代墓室的装饰艺术，图像背后隐藏的节令生态意味就是汉代人在人与自然一体文化心理促使和作用下，以诗意的情怀去体悟自然环境的结果。

二、汉画像中极深的“审慎”生态观念

天人之间的密切关系使得世间万有的节律周期具有高度的相似性。这种相似性促使古代的哲学流派，无论道家还是儒家都重视人与世界万有之间的和谐协调。人类和世界万有在宇宙间只具有相对生存发展的权利而不具有绝对权利，都不能将自己看作生态的中心，有害于生物环链之间其他存在物生存质的权利都要受到削弱和限制。民胞物与，万物为民众的伴侣，同为阴阳所生，尽管它们是人类生存发展的条件和基础，人有谋取之资格，但也不能违背禁发的要求。画像石艺术虽然捃摭广搏，内容繁富，涉及社会生活的方方面面，但是，若将它们放在一起作通观考察，很容易发现汉代人在用汉画进行墓室装饰时对于题材的审慎态度。这种审慎中蕴含着极深的生态观念。直觉上最为明晰的，要数那些带有丧葬时间题记的汉画像。尽管这些记载的文字不是很多，但仍为认识汉代公正平等生态公理提供了可靠依据。中国传统固有的生态关怀理念认为春主生、夏主长、秋主收、冬主藏，汉画像石艺术也充分体现了这种思想倾向，表现出对于自然生命节律的尊重。汉画像石艺术发展到西汉晚期以后，车骑出行、乐舞百戏、田猎宴飨、弋射捕渔等表示欲望的内容逐渐增多，但有趣的是，由于春夏正值动植物的孕育生长期，于是在该节令的汉画墓中，尽管舞乐百戏、跳丸角抵等画像内容层出不穷，但搏兽、田猎、弋射、扑渔等伐杀生命的内容却绝少出现在相关题材的组合中。安徽宿县褚兰墓的墓志显于为建宁四年二月❶，在出土的 32 块画像石中，尽管乐舞、拜谒、出行、祥瑞等图案应有尽有，唯独不见常见的田猎弋射内容。陕西绥德县四十里铺画像石 1 基建于永元四年五月❷，画像石内容组合与褚兰墓大同小异。山东嘉祥墓、山东微山两城墓均有相同情形。即便如此．也应该看到，虽然人类在春夏二季具有保护生物环链上其他存在物

❶ 傅筑夫：《中国经济史论丛续集》，北京人民出版社 1988 年版。

❷ 榆林地区文管会．绥德县博物馆：《陕西绥德县四十里铺画像石墓调查简报》，考古与文物，2002 年 3 期，第 19-26 页。

生命的义务，但是人类在秋冬季同样具有享用动物肉体或从动植物身上获得愉快和满足的权利。《月令》规定在秋冬季节不仅可命网罟始渔以取池泉之赋，而且可田猎禽兽以获山林薮泽。山东苍山汉画像石基建于元嘉元年八月，画像石内容贪淫放纵，任意妄为，采之无度。道家提出少私寡欲、崇俭抑奢，儒家则在强调自觉克制贪欲的基础上，从生态伦理出发，更明确提出了“与天地合其德”“与四时合其序”的主张，要求给自然万物以生长的时间。孔子在《大戴礼记·曾子事父母》中说：伐一木、杀一兽，不以其时，非孝也。《淮南子》在综合前人学说的基础上，根据时令节气的演化规律和生物生长发育特点提出了顺天意、尊时序，以除宴饮、出行、搏兽、田猎之外，还生动形象地描绘了众人捕鱼的热烈场面。❶ 山东嘉祥宋山汉画墓建造于永寿三年十二月，有画像 31 石，弩射、捕兽的画面甚为抢眼。❷ 山东莒县东莞孙熹墓建于光和元年八月，1 号石的第二、三层雕刻狩猎图。图中一狗正在扑兔，一人荷筚而行：一野猪立于树下，一人张弓欲射，另一人则持矛痛刺。第五层为射虎、叉鱼图象。❸ 毫无疑问，汉画像石艺术的生态思想在客观体现了一种古朴的生物环链中的平等理论，即著名生态学者阿伦·奈斯说的“原则上的生物圈平等主义”❹。这些画像形象地说明生物环链中的所有存在者，各自都有相应的权利和义务，相辅相成，包括人类在内的所有存在者都不应该依据自己的智能优势将其他生命视做奴仆，更不应该不受限度地一味实施占有和征服，在行施生存权利时也要铭记权利的限度，不能肆无忌惮地破坏生态秩序。

三、人与自然和谐之美

古人认为，春夏为阳，秋冬为阴，音乐为阳，礼仪为阴。因此，春夏祭祀时为利养阳，一般舞乐齐备；而秋冬祭祀时为利养阴，常常无舞无乐。《礼记，郊特牲》曰：“飨缔有乐，而食尝无乐，阴阳之义也。”说的即是此理。

察究作为墓室装饰的汉画像石艺术，不难发现，墓凡建于春夏之季

---

❶ 山东省博物馆、苍山县文化馆：《山东苍山元嘉元年画像石墓》，考古，1975 年 2 期，第 124-134 页。

❷ 济宁地区文物组、嘉祥县文管所：《山东嘉祥宋山 1980 年出土的汉画像石》，文物，1982 年 5 期，第 60-70 页。

❸ 刘云涛：《山东莒县东莞出土汉画像石》，文物，2005 年 3 期，第 81-87 页。

❹ 雷毅：《深层生态学研究》，清华大学出版社 2001 年版。

者，即有乐舞场面；墓若建于秋冬季节，一般无乐舞场面。例如，安徽宿县胡元壬墓，建于“建宁四年二月”，墓碑左侧即刻舞乐百戏图，一女抚琴，一女吹箫，一女翘袖折腰随节而舞。❶ 绥德县四十里铺画像石墓建于“永元四年五月”，墓门门楣石正中刻画3女7男共10人。3女中1人抚琴，2人长裙拖地婀娜起舞。7男分别执便面、吹笙，杂耍、倒立，起舞、跽坐而舞、投壶❷，而建于秋冬季的山东苍山墓（元嘉元年八月）❸，河南唐河冯孺久，墓（天凤五年十月）、❹ 山西离石孙显安墓（建宁四年十二月）、❺ 山东莒南东兰墩墓（元和二年十二月），❻ 尽管都出土了不少画像石，但乐舞画面难觅踪影。所有这些事实，都已在生态文化的价值取向上，以鲜明的形象或符号标榜强化着民众对于阴阳的趋近和认同。阴阳是自然万物衍孕的母本，人来自于自然，在人的生命历程中，不应强调人与自然的对立和分裂，它们是阴阳系统中不可分割的两个重要元素，二者的和合亲善是生态系统充满活力的基础。汉画像石装饰艺术这种与生态本原相一致的文化性存在，在为墓主及其亲人的各种幸福欲求提供心理保障的同时，自身也获得了理辩气厚、义深意远的审美能力。

从生态本性出发，汉画像石艺术在装饰墓室时将人类跟自然看作一体，认为它们无时无刻不处在有机和谐亲善的关系中，世界万有都是人类愉情悦性的对象。这种认识包含着强烈的生态意识。汉画像石装饰艺术隐含的“以时禁发”“春生夏长”“秋收冬藏”“和合阴阳”等生态美学问题，也蕴含极其深刻的当代内涵。在审美层面上，若合乎当前实际地改造和转换汉画的这些文化资源，对于生态文明建设和促进传统文化的伟大复兴来说，意义不仅重大，而且深远。

---

❶ 王步毅：《 安徽宿县褚兰汉画像石基》，考古学报，1993年4期，第515-549页。

❷ 山东省博物馆、苍山县文化馆：《山东苍山元嘉元年画像石墓》，考古，1975年2期，第124-134页。

❸ 傅筑夫：《中国经济史论丛续集》，北京人民出版社1988年版。

❹ 南阳地区文物队、南阳博物馆：《唐河汉郁平大尹冯君孺人画象石墓》，考古学报，1980年2期，第239-262页。

❺ 王金元：《山西离石石盘汉代画像石基》，文物，2005年2期，第42-51页。

❻ 莒南县文物管理所：《山东莒南汉画像石墓》，文物，2006年7期，第53-57页。

第三节　汉画像中“天人合一”

一、汉画像中天人的内在联系

人跟天是一种内在关系，天人一体，天心即为人心。既然天道之仁在于生生不息，那么人自然也应该效法天道，以仁为心，与天地合其德，与日月合其明，与四时合其序，与鬼神合其吉凶，满怀着盎然的生物利物之心去爱护自然中的一切，以促进阴阳二气的和谐流通、帮助万物生长发育来体证天道。这些表现人类通过干预气来改变自然规律的汉画告诉我们，阴阳调和、万物化生，大地呈现出的一派欣欣向荣的景象，其实是由感通自然的仁心固结而维系、列贤列圣的教诲润泽而成就的。儒家在气化流行中所表现出的这种生命联系及体验，可谓是筹远机深的深层生态观。这种既重视天的功能又重视人的能力的理念与“蔽于天而不知人”的道家有着本质的差别。儒家对天人关系这一根本性哲学命题的这种深刻认知，为中国传统生态哲学提供了崭新的思维角度。汉画在人与自然实体之间所建立的这种以气为基础、以仁为核心的价值关系，言必循经，事必稽古，饱蘸哲理，展现出一套新的规律范本，重构了一部新的春秋法则。虽然没有理论词汇，但却有着理论新意，既是儒家气学思想的重要基础，也是人类社会长远发展的良猷美策。汉画这些发圣者所未发而默契儒者欲言之心、为贤者所不为而吻合儒者欲为之事，不惊人、不苦人且不偏曲幻妄以求胜的做法在今天看来可能是荒谬的，胸怀与人不胜天的道家也可能有所不同，但对人在情感上跟无声无嗅的天道相感通的认识和要求人们依据天道的要求成就天命，按照生态性规律从自然中获取福助的理念，不能说就是没有包含天地气象的腐儒庸识，也不能说不具有一定的积极意义。

二、阴阳交感题材引导民众修德正心和谐仁爱

阴阳交感这一发轫于三代之前的观念在西汉初年虽然受天道自然观的影响而遭到一定消解，但是到了武帝建元元年，随着董仲舒天人三策被皇帝采纳，以前被社会贬斥的阴阳交感思潮在新的形势下又得到了复兴。表现阴阳交感观念画像在汉代的蓬勃发展，就跟这股思潮有关。

首先，天地交感。天为阳，地为阴。天地相交就是阴阳相交。由于天地

交感意味着世间万物各遂其生，所以这个时期出现的墓葬除按照天地交感观念建成上圆下方的形状以象天、法地外，汉画的绘制也开始着意体现交感天地的价值理念。唐河针织厂汉画墓[1]、洛阳卜千秋汉画墓[2]、襄城茨沟汉画墓[3]、安徽宿县褚兰汉画墓[4]等都是按照天地交感观念设计建造的典型墓葬。这些墓葬一改以前墓顶不事装饰或饰以抽象几何纹的做法，开始在墓顶描绘云气纹、日月星辰等天空景象。到了后来，人们不仅在墓顶处绘制表示天空的四象，而且把具有沟通天地功能的灵禽异兽和仙人神怪加了进去，以具象化的手法给人营造一种日月联藻、风云交彩的真实天空感。西安交通大学汉墓顶部不仅刻有日月星辰、彩云仙鹤和羽人神鹿，而且在后壁下部绘有天鹅、雉鸡、鹿、虎等地上动物。[5] 密县打虎亭汉墓的顶部刻鸟兽图和云气纹，墓壁上则刻绘着敬老图、庖厨图和宴饮图。[6] 洛阳烧沟 61 号汉墓的上部绘日月星云仙人神鸟，主室过梁正面刻“二桃杀三士”“孔子师项橐”等历史故事，后室山墙横梁正面刻的历史故事则是“鸿门宴”。[7] 洛阳卜千秋汉画墓、唐河县针织厂汉画墓顶部的情形与此类似，绘制的都是天空的景象，在墓顶下方的四壁及其横楣上，则刻绘反映宴饮、乐舞、百戏、出行等生活场景和表现儒家“五常”之道的历史故事，以此来象征天上人间。值得强调的是，在汉画中除了依靠异兽神禽来沟通天地之外，汉代还继承先秦以玉璧沟通天地的做法，将玉璧刻绘在墓室中，如长沙砂子塘一号汉墓外棺足档刻绘着二凤穿璧[8]，马王堆一号汉墓外棺头档刻绘着二龙穿璧[9]，乐山柿子湾崖墓甬道门楣处刻绘着玉璧[10]，方城东关汉画墓门楣刻绘着二龙穿璧[11]等。在古人看来，璧圆以象征天，璧好则代表天地交通的孔道。将玉璧刻绘于墓室中，意谓天地沟通的渠道十分顺畅。[12] 如果天地的沟通顺畅了，那么人间事物和秩序也就和谐了。心阅目读汉画的这种设置，不难发现其中蕴孕的儒学

---

[1] 周到，李京华：《唐河针织厂画像石墓的发掘》，文物，1973 年 6 期。
[2] 洛阳博物馆：《洛阳西汉卜千秋壁画墓发掘简报》，文物，1977 年 6 期。
[3] 河南省文化局文物工作队：《河南襄城茨沟汉画像石墓》，考古学报，1994 年 1 期。
[4] 王步毅：《安徽宿县褚兰汉画像石墓》，考古学报，1993 年 4 期。
[5] 陕西省考古研究所、西安交通大学：《西安交通大学西汉壁画墓》，西安交通大学出版社 1991 年版，第 8 页。
[6] 安金槐，王与刚：《密县打虎亭汉代画像石墓和壁画墓》，文物，1972 年 2 期。
[7] 黄明兰，郭引强：《洛阳汉墓壁画》，文物出版社 1996 年版，第 65 页。
[8] 湖南省博物馆：《长沙砂子塘西汉墓发掘简报》，文物，1963 年 3 期.
[9] 孙作云：《马王堆一号汉墓漆棺画考释》，考古，1973 年 4 期。
[10] 陈江风：《汉画像中的玉璧与墓葬观念》，中原文物，1994 年 4 期。
[11] 南阳市博物馆、方城县文化馆：《河南方城东关画像石墓》，文物，1980 年 3 期。
[12] 朱存明：《汉画像的象征世界》，人民文学出版社 2015 年版，第 267 页。

通和致化与交感臻变的智慧内核。天地之道在生植。《易经·序卦》云："有天地，然后万物生焉。"《荀子·礼论》云："天地合而万物生，阴阳接而变化起。"由于天地交感化育万物是创建自然界和谐通泰的充要条件，也是天地万物获得至正之性的活水源头，因此，推天道以明人事，只有自觉归顺和维护宇宙的这种本然之性，万物才能真正处于一种生气灌注的大和状态。在天地交感观念的影响下，把表示天地交感的神人灵禽和龙凤穿壁图案刻绘在棺木和墓室里，这既是汉代人的骚情雅思，又是汉代人发出的独特天问。常受此类汉画惠风的浸润，有利于把人们引向异质契合、跨界通化的和合世界。

其次，男女交感。男为阳，女为阴。如果说天地交感能使大自然和谐通泰的话，那么男女交感则可使家庭和国家和谐通泰。夫妇为人伦之始，阴阳相交夫妇合精，因情爱而志通心同。一男一女构成的家室之道，不仅能带来父子关系的和谐融洽而知和处和，而且能带来君臣、上下关系的和谐融洽和定国安民，这便是国家和个体的和谐通泰。汉画中有大量表现男女交合的内容，分布很广，晋陕、齐鲁等地均有出土。除男女相拥、伏羲女娲、日月合璧、虎啖龙津等含蓄抽象的图像之外，发掘报告显示赤裸裸的两性相合图像也为数不少。男女交合上承天道，下贯人间，表现的是一种阴阳互补相和。儒家的阴阳两仪是汉画的基本形态，和谐之道归根结蒂是阴阳互补互动之道，其虽然睽异，但因细缊而亲近，因交感而和合。和存则变化相续，合在则生生不已。在乾男坤女构成的和谐统一体中，自在而圆足。从这个意义上说，男女和会乃天地大道。

最后，礼敬精神层面上的上下交感。阴阳交感虽然是一份精神富藏，但如何在与宇宙大道同德同构的视域中做到真正的交感，汉画提出了一种既属于自己，同时又对中国哲学史具有意义的东西，我们姑且称为折节礼士、敬恭桑梓的礼敬精神。礼敬精神是儒家的基本精神，汉画对这种精神给予了积极的阐扬。这种阐扬主要表现在两个方面：一是谦敬意识。儒家认为做到了礼敬，阴阳就会不断地交感从而达到圆融无碍，也就是《易经》的"通"。因此，要实现阴阳交感，就必须以谦恭的态度屈己待人和礼敬桑梓。《易经·益卦》云："损上益下，民说无疆，自上下下，其道大光。"《易经·屯卦》亦云："以贵下贱，大得民也。"在精神上礼敬他人，尤其是礼敬不如自己的人，就能够获得拥戴。二是乐善好施，厚待乡党。尊贵者若拥有了这两种美德，人性就会与天地万物之道吻合，不仅上下交感的热忱和相互沟通的力量不可胜用，而且也能取得民众的拥戴而实现国泰民安的和谐盛景。之所以如此，是因为上为阳，下为阴，上下交感后，便可以在上下之间形成一种同心、同德和同志的和睦关系，从而使生活稳定有序、充满活力。

由于早期儒家那些倡导尊让契敬精神的礼仪大多与饮食有关，所以汉画在用这些礼仪实施教化的时候自然也不能例外。我们不能把汉墓中刻绘的宴饮画像看成是单纯的吃喝场景，而应该看作是儒家修德正心、和谐仁爱主张张目的礼教范本。

《史记·儒林传》云："汉兴，然后诸儒始得修其经艺，讲习大射、乡饮之礼。"乡饮酒礼遂成为社会上流行的主要礼仪之一，不仅可以在庠序之外进行，而且党正饮酒，"亦谓之乡饮酒礼"❶。汉画模山范水，对于乡饮酒礼的表现，或侧重表现某一仪节，或如连环画般，详尽表现迎宾、献宾、乐宾等仪节，关目十分清楚。密县打虎亭汉墓系仿阳间大宅模式建造，在北室西壁用两块巨石完整地刻绘了乡饮酒礼的献宾和旅酬仪节。第一石上宾主相对而坐，主人举杯向客人敬酒，表现的是乡饮酒礼中的献宾仪节。第二石刻四人对饮，表现的应是献宾之后的旅酬仪节。汉画砖上也有很多乡饮酒礼的内容，如四川新都汉画砖所表现的献宾仪节等❷。连环画式画像也不少，如在沂南北寨汉画墓中，南壁横额西段刻绘着迎宾仪节，东段刻绘着献宾、旅酬仪节，而东壁横额上则刻绘着乐宾仪节。南、东两面墙的横额用叙述性的笔调表现了乡饮酒礼的主要过程。乡饮汉画对这一过程的生动表现，是对尊者精神上礼敬下民、物质上厚待下民，实现正身安国、和谐乡里思想的深刻注解。

三、忧患意识题材引导民众修身正行意志坚强

《易经·既济》要求时刻"思患而预防之"。要想吉祥安康，就必须"安而不忘危，存而不忘亡，治而不忘乱"。《左传·襄公十一年》云："居安思危，思则有备，有备无患。"《论语·卫灵公》亦云："人无远虑，必有近忧。"孟子在安不忘危、存不忘亡基础上提出"生于忧患死于安乐"的著名论述，成为治家安邦的重要原则。汉画作为汉代特殊的文化载体，以其深刻的思想性和典雅的艺术性对中华文明所孕育的这一意识作了系统的阐发。

灾难困苦意识和反省悔悟思维方式的产生，是以阴阳的和谐与不和谐两种状态的相依相扶、相互转化为基础的。在事物发展变化的过程中，和谐必然伴随着不和谐。和谐与不和谐互为消长，互为其根，共同推动着事物向前发展。利害得失、成败盛衰一直都处在转化之中，要有效阻止困苦危难局势

❶ 贾公彦：《仪礼注疏》，北京大学出版社 1999 年版，第 34 页。

❷ 四川省博物馆：《四川新都县发现一批画像砖》，文物，1980 年 2 期。

的出现，就要通过总结经验教训和自我批评的方式加以破除。汉代人将百姓怨忌之像刻绘于墓室，就是这种极力阻止运势走向反面的智慧表现。夏桀是一个不知物极必反、盛极必衰法理的荒淫暴君，后为商汤所败而致国灭家亡。古人有忧于此，在嘉祥武氏祠中，不仅将这一反面典型刻绘在汉画像石中，而且还同那些以劳定国、以死勤事，创造了伟业的帝王刻在一起。从像旁所刻名字看，伏羲夏禹等九人均为圣者，只有夏桀为昏君。他手中执戈，坐在两个匍伏于地的女子身上，位列第十名。这种恶以诫世善以示后的匠心设计，凝聚着思古忧患的深切情怀，垂训之意十分明显。党锢之祸也叫党祸、党锢、党禁，意为因结党而酿成的灾祸。东汉时期，大的党锢之祸就发生了两次，涉及世家大族数百人，其中多为文人。这一内容，在东汉画像石中也有反映，如在山东临沂白庄汉墓出土的党锢之祸画像石中，手持麾的官员正在指挥抓捕手捧竹简的文人。此类画像充满了悲怆的激情，用意跟刻绘夏桀像一样，是一种深自鉴察的提示，“意在记取党锢之祸的教训”❶。彗星，《广韵》中称为妖星，古人认为此星乃改更之象，主争战。此类不祥之兆，理应不该在汉画中出现。然事与愿违，不仅广泛存在，而且出现在墓室过梁这一显著位置，如南阳王寨汉墓的过梁上，象征阴阳的日月画像的上下各刻一幅头西尾东的彗星图案。❷ 彗星图虽示人以凶，但有忧而实乃教人悔悟之象。这些意义深远的画像体现了古人为警惕和预防灾祸苦难而特有的敬惧之情，它们启示人们，修身正行能来福，战栗戒慎可避祸。当生活一帆风顺、事业兴盛发达之时，也要由盛知衰，由吉晓凶，在和谐向不和谐发展的过程中，趁不和谐的因素还比较稀少、力量尚未强大的时候，及时地消除掉，让治不致化为乱，存不致化为亡。

一旦陷于逆境，也要临难不苟免，见危不曲全，意志不屈，奋力前行。《易经·困卦》云：“泽无水，困，君子以致命遂志。”由于凶吉双方处在一个此消彼长的状态之中，此时若以人力加以推动，就能使事物向着和谐的方面发展，因此，困卦上六爻辞又云：“困于葛藟，于臲卼，曰动悔。有悔，征吉。”按照高亨的解释，此是说，身处困境，居而不安，行无通路。然处穷困之地，正用谋之时也。❸这些占断之辞告诉人们，当处穷困之时，更要胸怀忧患的意识，反身自省，善用心智，以便趋利避害，逢凶化吉。

刘汉皇朝践祚四百余年，发达的政治、经济、哲学和科技尽管在我国古

❶　张道一：《汉画故事》，重庆大学出版社 2006 年版，第 151 页。

❷　南阳市博物馆：《南阳县王寨汉画像石墓》，中原文物，1982 年 1 期。

❸　邓云涛：《中国救荒史》，商务印务馆 1937 年版，第 11 页。

代史册上留下了重笔浓抹的锦绣华章，但是此伏彼起的兵燹战乱在给人类文明带来毁灭性打击的同时，对生态资源也往往造成致命性的创伤。据邓云涛《中国救荒史》统计，仅全国性亢旱一项四百年间就发生了81次，“湖沼淤涸”“河川竭”“大旱，民多渴死”“天旱岁荒，士民冻馁，江淮间相食殆尽”“野绝青草”“赤野千里”等表现干旱的词句更是充塞于前后汉书的字里行间。从汉画来看，有着灵感思维特质的汉代人，当面对自然灾害带来的困厄，心身备受压抑时候，已经没有了远古时期那种恐惧和绝望交织杂陈的情绪，而是表现出一种勇敢面对、不屈不挠、先礼后兵、祭打结合的态度。由于这个态度包含有情感和智谋的双重成分，所以被学者称为“诗的态度”❶。在儒家看来，干旱示警，实是因为人事不协天心，鬼神仇怨之气上干天和而招致的灾异之象。要想禳旱避灾，通过祭祀感召天和是最为有效的方法。考察汉画可知，雩祭是汉代民众热衷的求雨之祭。应龙为有翼之龙，由普通龙历经一千五百年演化而成，具有行水的神功。因为拥有此能，所以雩祭时都少不了应龙。《汉书·天文志》云：“旱而为应龙之状，乃得大雨。”南阳在汉代气候较为干旱，从相关史书来看，冬春夏三季连旱的惨剧经常发生，所以应龙图像较之全国任何一个地方都多。从目前业已科学发掘的275座汉画墓来看，每墓少则1幅，多则数幅。出现如此众多的应龙画像，当与两汉天下亢旱的现实有关。除此之外，传说虹能吸饮，故在古人心目中也成了能够降水的神灵。唐河针织厂汉画墓、山东长清郭氏祠、山东嘉祥武氏祠等均出土有这种造型的画像石，反映了古人祭虹御旱的思想情感。儒家强调祭祀之道的核心在于敬，认为只有“祭思敬”，才能交于神明，也才合礼。作为一种以儒家学说为主要思想来源和理论基础的艺术，汉画在反映祭祀应龙、长虹等神灵的场景时，无不表现出一种庄重严肃、毕恭毕敬的态度。汉画中的应龙皆卷尾张口曲颈展翼，一般被刻绘在墓室立柱的四侧或墓室过梁这些重要位置。虹身呈弧形，两端各有一头，瞪目张口，常被刻绘于墓室顶部，如唐河针织厂汉画墓和山东沂水汉画墓，都是如此。虽然山东祠堂画像多分格，但此类画像经常被设置在上层重要的位置，恭敬崇拜的态度跟汉画墓比可谓是契符协律、异曲同工。特别是山东沂水韩家曲村出土画像石上的虹神像，不仅两龙头都向下喷水，而且龙头下各跪一人，虔敬的态度一目了然。❷古人认为只有真心诚意地去感念受祭者的功德，受祭者才会因为感动而赐福于祭祀者。雩祭时，虽然对于受祭者要秉持恭敬之心，但当受祭者不能消旱

---

❶ 李安宅：《仪礼与礼记之社会学研究》，世纪出版集团2005年版，第14页。

❷ 王子今：《龙与远古虹崇拜》，文物天地，1989年4期。

祛灾时，那么就要改为强制的手段，胁迫旱魔就范。旱魔畏惧人驱杀，更甚于人畏惧其施旱。君子明于此道，则不至于混淆人事与神事的区别。虎食女魃也是祈雨的另一项重要内容，汉画中对此也有生动的展呈。在洛阳西汉壁画墓上，树木焦枯，树下一紫皮女子横躺于地，正被一恶虎吞食。孙作云认为此图具有除魃消旱的意味。❶ 此类画像还见于唐河针织厂汉画墓、南阳市达士营汉画墓和山东嘉祥武氏祠的画像石上。在中原，每当干旱少雨焦土千里，庄稼枯死人难活命之时，用弓箭射日也可解除旱象。由于这一风习的存在，中原地区出土了很多射日汉画，典型的有南阳射日画像石，还有郑州射日画像砖，画面大同小异。对于以农立国的汉代而言，干旱无雨将是巨大的灾难，虎吃女魃和射日等强硬手段的运用，是当旱魔肆虐时，民众意志不消沉，为了理想，百折不挠，信心和斗志永存的表现。其身越困，其志越坚。能做到这一点，在儒家看来，就具有了实现和谐的希望。

四、乡射礼题材引导民众崇重德行明晓大义

儒家认为，趋吉避凶的根本在于修德，是内外交困还是大吉大利，实随人的善举和德性而转移。《易经》《论语》《荀子》在吉凶观上都认为灾祸福祉均系人自招，跟德性有直接的因果关系。《易经·坤卦》云："积善之家，必有余庆。"《论语·雍也》云："人之生也直，罔之生也幸而免。"即不正直的人虽能生存，但也只能靠侥幸避免祸害罢了。不正直难免祸害，正直可免除祸害，正直在儒学中即道德的意思。❷ 无论是孔孟的生命哲学还是荀子的制命哲学，都公认人在积善成德之后，不仅可以参天地，而且可以通神明，能够有效地规避灾祸。因此，在日常生活中反思人的德性和德行，并在政治伦理的指导下由自然人性实现向德化人性的飞跃，成了古人刻绘汉画宣扬以德御患思想的基础。

乡射礼由于涵括着阴阳变化和儒家正命全性的内容，所以从周至汉无论是倡德者还是修德者，都重视从中获得智慧的启迪和灵感的点染。乡射礼的主持者由德高望重、尚未获得官爵的处士担任，仪程的核心内容是三番射。四川德阳出土的一块汉画砖真实地反映了当时举行乡射礼的情形。画面左侧1人着长袍，手持弓箭，身体微屈作发射状，身后箭鞘插箭3支；右侧1人装束与左侧相近，手持弓箭正目视左侧那人发射。从装束来看，二人应为乡

❶ 孙作云：《洛阳西汉壁画墓考释》，郑州大学学报，1977年4期。

❷ 杨泽波：《从德福关系看儒家的人文特质》，中国社会科学，2010年4期。

射礼中的一耦。[1] 乡射礼画像还见于郑州出土的汉画砖上，画面上射手也是身着长袍，身后的箭鞘里也插箭 3 支，另一支箭已在弦上，正准备发射。[2] 乡射礼的重心不在技巧和体力，崇重德行明晓大义并要人取法才是根本目的。乡射礼是道德君子的盛会，乡大夫亲自举办，只有有德行者才配参加，这对于引导民众修德向善具有重要意义。乡射礼对德的塑造不是靠强制手段，而是将礼的准则内化为人的内心需求，将德的要求升华为一种自觉情感，把天地的生成变化之道变成“性命之德”去教化百姓。《礼记·射义》说：“射之为言者，绎也，或曰舍也。绎者，各绎己之志也。”此是说，射就是寻绎，射者每一次射箭都是在寻绎志向，射鹄的过程其实就是内省存养和进取的过程。由于这个过程跟儒家的修德过程是一样的，所以孔子不无感慨地说：“发而不失正鹄者，其唯贤者乎?”德行德性的多寡厚薄既禀于天，又见于体，射箭的成败虽然关键在于射击的状态和技巧，但不等于说调整好了状态和拥有了技巧后就一定能获胜。发而不中时，要树立健康的成败观，反躬自问，找出自己品德和技能上存在的不足，及时改过迁善。这样，人不仅实现了仁义礼智这一性命之德，获得了做人的价值，完成了生命的意义，而且跟“生生之德”和“元亨利贞之德”的天地之德连结到了一起，达到了天人合一的境界。在乡射活动中始终贯穿着和谐的实践方式，人的真性情经这种文明活动的升华而成就德性，所以《礼记·射义》云：“以立德行者，莫若射，故圣王务焉。”性本善是儒家的基本理念，每个人都具有行元亨利贞四德的潜能，因此，问题不在于君子人格有多么伟大，也不在于君子如何修养出这些德性及拥有这些德性能否德福一致，问题只在于他能否尽性，能否由性而“至于命”。只要能“穷理尽性以至于命”，就能够“与天地合其德”。与天道保持一致，以德性为安止之所，在儒家看来，这就能保证心地纯洁、精神快乐而安身立命无所忧惧了。进入这样的境界，在儒家看来，就等于实现了德福圆满。在圆满的德福面前，艰难困苦就会消遁于无形，社会和家庭就会处于一个和谐安定的状态。汉画把乡射礼朴素的仪式转化成了对礼乐精神和德行德性的仰慕与追求，而这种德行德性虽由礼序正齿固结所维系，然更由射仪的教诲润泽而强化。因此，乡射礼汉画能够成为引导民众提升道德修养的教化之具，是与其独有的“裁成”“辅相”之功分不开的。

汉画所表现的和谐内容，既是汉代民众对先贤思想的理解、接受与阐发，也是当时哲学思潮和时代精神的体现。民众刻绘相关汉画的行为表

---

[1] 刘志远：《四川汉代画像砖艺术》，中国古典艺术出版社 1958 年版，第 103 页。

[2] 张秀清：《郑州画像砖》，河南美术出版社 1988 年版，第 95 页。

明，以儒家思想为主体的传统社会本身具有推行和发展和谐思想的良好基础，它提出的有关构建和谐社会的种种原则和践履儒家和谐理念的具体做法，反映了早期社会的价值取向和社会风尚对儒家和谐要求与准则的认知，具有重要的理论意义和实践价值。

第四节　汉画像中儒家的人与自然和谐的精神

在汉代的出土文物中，发现了一批表现早期人与自然和谐的精神的画像和铭文（习称汉画），为我们勾勒早期人与自然和谐的精神的大致轮廓提供了可能。表现这一主题的汉画，在齐鲁、晋陕、川滇、江浙和豫皖等地均有出土，数量相当可观，其中蕴含的人与自然和谐的精神信息较之传世文献更为丰富、直观、细致、真实，具有很高的学术价值。

一、气联通自然实体的方式

在儒家眼里，气不仅具有化生万物的属性，而且还具有游动不居的属性，是纷扰循环之运动性跟合而成质之功能性的有机混合体。《周易·系辞下》中说的“天地细缊，万物化醇”，就是把阴阳二气的交感视为万物化生和演变的本原的。到了汉代，在儒学宗教化的浪潮中，董仲舒以阴阳五行解释自然现象，五行与阴阳在《春秋繁露》中走向合流，五行成为“助天行化”的工具，气的运动性、功能性得到了前所未有的强化。《春秋繁露·五行相生》云：“天地之气，合而为一，分为阴阳，判为四时，列为五行。行者行也，其行不同，故谓之五行。”在后来的文献中，这种顺天行气属性被多次强调，如《白虎通·五行》云：“言行者，欲言为天行气之义也。”《释名·释天》云：“五行者五气也，于其方各施气也。”《汉书·艺文志》亦云：“五行者，五常之形气也。”不仅所有的存在都统一到了气上，而且气的循环流行和对不同实体联结也成为共识。另外，和气致祥，要想民安物阜、四海清宁，都离不开和气的熏蒸滋润。《荀子·天论》云：“万物各得其和以生，各得其养以成。”《礼记·郊特牲》云：“阴阳和而万物得。”由于“举天地之道，而美于和，是故物生”，所以《春秋繁露·循天之道》说，普天之下，上至王侯将相达官贵人，下至黎首平民引车贩夫，都莫不“贵气而迎养之”。

儒家认为，是阴阳二气的感通将天地万物连结成了一个相互联系的有机整体。通感的格局形态，从归类、整理1000余幅相关汉画来看，主要有如下三种：

第一，山水交感。儒家的阴阳学说是关于气化流行的学说，在儒家眼里，天下之物皆由阴阳和合而成，孤阴不生、独阳不长，一切存在物只有阴阳相配才能契合天地的生生之道。由于山静为阴、水动为阳，山和水可以阳施阴承、互相往来，其互抱互补、互根互含的状态合乎天道，所以儒家视山水这种阴阳陶蒸、生意涌流之象为昌吉之象。这种昌吉之象，在汉画中表现为山泽通气和山川出云两种情形。从相关汉画所显现出来的程式化倾向上，可知这两种画像所蕴含的理念已经得到了当时人们的普遍认同，其造型设计也已在社会上广泛流行。

山泽通气一词出自《周易·说卦》。山为艮，泽为兑。艮又为少男，兑又为少女。此卦喻婚姻以时、情真爱笃的少男少女相配，所谓“山泽通气，男女相须”，按唐孔颖达的解释，是表示“天地人事莫不备矣”的卦象。“天地定位，山泽通气，雷风相薄，水火不相射，八卦相错，数往者顺，知来者逆，是故易逆数也。”其交感的情状，从归纳 436 幅相关汉画来看，可大致分为山通泽之气和泽通山之气两类。山通泽之气就是泽气升腾向上为云后笼罩于山而不散开，此类汉画以江苏铜山白集出土汉画像石❶和四川德阳出土汉画砖为代表❷。在白集出土的汉画中，楼阁厅堂徘徊连署，游鱼点点的池沼内群山起伏，云气穿行其间。德阳出土的汉画砖上，一叶小舟穿行在莲蓬间，泽国里层峦叠嶂，山峰间云烟袅袅。泽通山之气就是泉水流向山下湖泽洼地，以内蒙古鄂托克旗凤凰山 1 号汉墓壁画❸和四川彭州义和乡蒐集出土汉画砖为代表❹。凤凰山画像绘制在墓室西壁上，左侧为庭院画像，中间部分上方绘有乐舞百戏和白鹭等内容，下方绘有湖泽，远处为连绵起伏的山峦，潺潺山溪流向湖泽。蒐集汉画砖上湖泽居左，远岸群山环绕，山溪流入泽中，两条木船在溪中游弋。在儒家自然生态哲学看来，山泽异体相交，和合连贯的气脉在山泽间涌流，将山泽联结成了一个相辅相成的和谐实体。由于阴阳二气缠绕连结，按《周易·说卦》的说法，“成性命之理、吉凶之数”，包含着“既往之事，将来之几”，所以山泽交感不仅能够酝酿生意，而且还能“裁成”“辅相”物类，各有所宜。“山泽通气，然后能变化，既成万物也。”在重视风水的汉代，此等藏风聚气之所自然是不可多得

❶ 武利华：《徐州汉画像石》，线装书局 2004 年版。

❷ 刘道广：《中国汉画构图艺术的历史意义》，艺术百家，2012 年 2 期，第 135-143 页。

❸ 魏坚：《内蒙古中南部汉代墓葬》，中国大百科全书出版社 1998 年版。

❹《中国画像砖全集》编辑委员会：《四川汉画像砖》，四川美术出版社 2006 年版。

的作福吉地。

山川出云反映的是山谷川泽云气郁蒸升腾、弥漫散布的情景，《礼记·礼运》云："天降时雨，山川出云。"气与云不是两个孤立的自然现象，二者之间有着密切联系。气浓敛为云，云散漫为气。因此，在儒家的天道观中，气原本就是指云气。虽然山川属于惰性实体，但由于风土脉息将山延集为簇，使川缀织成网，山川不仅能沟通内外远近，而且还能输运阴阳生气，所以山川所出之云即为山川之气。阴阳之气能够通过山川得以流散发布，山川因此常被当作散发阴阳之气的孔窍。《礼记·礼运》云："天秉阳，垂日星，地秉阴，窍于山川，播五行于四时。"鉴于山川能够帮助大地通气，故而《礼记·祭法》云："山林川谷丘陵，能出云，为风雨，见怪物，皆曰神。"为使山川能够顺畅地撷气出云❶，适时地导风撒霖，在汉代，不光儒者常怀虔诚之心去祭祀山川，民间为表达对神奇功能的崇敬之情，也常把山川出云画像刻绘在墓室里，如在山西夏县王村汉壁画墓前室南端，墓顶绘云气纹，云朵旁绘峦嶂，水流中有一大鱼游动，水边站一人，山水间弥漫着浓重的云气。❷ 在淮北出土的山川出云画像石中，山势嵯峨，岩壑陡峭，沧烟若浮，气势壮丽。❸ 在甘肃武威韩佐乡红花村五坝山汉壁画墓的北壁上，也绘制了一幅山川出云图，黑色的山形轮廓上点缀着乳白色的云气。宿岚移动，循行不殆。婷婷然如宝盖，郁郁然似灵芝。山水之气的曲伸往来，在不同实体间的交流循环，使人类和石头、树木和动物成为一个"有机相连的整体"❹。此等云气风息营造的山水形胜，既接通地脉，又藏风聚气，实乃钟蕴生机的宝地，不仅时无逆数，而且物无害生。若将阴宅建于此类窍穴，既可源源不断地汲取大地蕴蓄的元气和及时感应天地大化之生气，同时还可开悬新命，扶正拒邪，消除乖戾忿恨之气，佑护祖灵安然生息，庇荫后代运鸿势壮、人脉繁昌。这种山环水绕、负阴抱阳的气象，气格完备，逻辑自圆，时见新的理论闪光，蕴蓄着寻索和解密气化流行奥赜与乾坤阴阳诡谲的动因机制，颇为悦人耳目。这种云断成飞雨、气从水处来的画像，对于山川内涵的精微而凿实的表现，都是在传世文献中所不能见到

❶ 山西省考古研究所、运城地区文化局、夏县文化局博物馆：《山西夏县王村东汉壁画墓》，文物，1994年8期。

❷ 《中国汉画像石全集》编辑委员会：《中国汉画像石全集（4）》，山东美术出版社等2000年版。

❸ 何双全：《武威县韩佐五坝山汉墓群》，《中国考古学年鉴》，文物出版社1985年版。

❹ 杜维明：《存有的连续性》，［美］安乐哲，彭国祥等译，《儒家与气态》，江苏教育出版社2008年版。

的，因而显得极其珍贵。

第二，顺时宣气。此指按时禁利用自然资源或助推时令气候正常运转的行为，反映了儒家遵从和辅助天地的姿态和胸怀，体现了儒家相关理念的深层生态学本质。宣气是为大地通气，由于流通具有时令限制，所以儒家在强调慎独和自觉克制贪欲的基础上，从时令节气的演化规律和生物生长发育特点出发，明确提出了“与天地合其德”“与四时合其序”的宣气主张，要求顺天意、尊时序、以时禁发，给自然万物提供生长的时间。孔子在《大戴礼·曾子事父母》中说：“伐一木，杀一兽，不以其时，非孝也。”《荀子·王制》亦云：“群道当则万物皆得其宜，六畜皆得其长，群生皆得其命。故养长时则六畜育，杀生时则草木植。”汉画虽然捃摭广博，内容繁富，涉及了社会生活的方方面面，但是若将它们放置在一起作通观考察，很容易发现汉代人在用画像进行墓室装饰时对于题材的审慎态度。这种审慎中蕴涵着极深的顺时宣气意识。直觉上最为明晰的，要数那些带有丧葬时间题记的汉画。尽管这些记载文字不是很多，但为认识汉代顺时取物以宣气的生态行为提供了可靠依据。中国传统固有的生态关怀理念认为春主生、夏主长、秋主收、冬主藏，汉画发潜阐幽，也充分体现了这种思想倾向，表现出对于自然生命节律的极大尊重。毫无疑问，汉画发展到西汉晚期以后，车骑出行、乐舞百戏、田猎宴飨、弋射捕鱼等表现欲望的内容逐渐增多，但有趣的是，由于春夏正值动植物的孕育生长期，于该节令建筑的汉画墓中，尽管乐舞百戏、跳丸角抵等画像内容层出不穷，但搏兽、田猎、弋射、罟鱼等伐杀生命的内容却极少出现。安徽宿县褚兰汉画墓出土的墓志显示为建宁四年二月❶，在出土的32块画像石中，尽管乐舞、拜谒、出行、祥瑞等图案应有尽有，唯独不见常见的田猎弋射内容。陕西绥德县四十里铺汉画墓建于永元四年五月❷，画像石内容组合跟褚兰墓大同小异。山东嘉祥汉画墓、山东微山两城汉画墓均有相同情形。即便如此，也应看到，虽然人类在春夏二季具有保护其他存在物生命的义务，但当进入秋冬季节之后，由于阳气初起，大地开始宣泄积储的阳气，此时若享用动物肉体或从动植物身上获得愉悦和满足，在儒家看来，不仅符合时令的要求，而且能帮助自然宣气。《礼记·月令》规定在秋冬季节不仅可命网罟鱼以取池泉之赋，而且可田猎禽兽以获山林薮泽。山东苍山元嘉元年汉画墓建于八月，画像内容除宴饮、出行、搏兽、田猎之

---

❶ 王步毅：《安徽宿县褚兰汉画像石墓》，考古学报，1993年4期，第515-549页。

❷ 榆林地区文管会、绥德县博物馆：《陕西绥德县四十里铺画像石墓调查简报》，考古与文物，2002年3期，第19-26页。

外，还生动形象地描绘了众人捕鱼的热闹场面。❶ 山东莒县东莞孙熹墓建于光和元年八月，1号石的第二、三层雕刻狩猎图，第五层为射虎、叉鱼图像。❷ 山东嘉祥宋山汉画墓建于永寿三年十二月，有画像31石，弩射、捕兽的画面甚为抢眼。❸ 在大寒降土蛰发的时候捕鱼打猎可以帮肋阳气宣泄，所以《汉书·货殖列传》云："中木未落，斧斤不入于山林。豺獭未祭，置网不布于壄泽。鹰隼未出，矰弋不施于徯隧。既顺时而取物，然犹山不茬蘖，泽不伐夭，蝝鱼麛卵，咸有常禁，所以顺时宣气，蕃阜庶物，稸足功用，如此之备也。"儒家自然哲学这种严整的襟袍与峻直的学识保证了汉画学理的醇度和思考的深度。可以认为，汉画把以时禁发作为主题的用意虽然在于为儒家自然哲学的宣气思想张目，但这种遵从时禁以助推自然宣气的做法在客观上体现出了古人的生态责任，说明自然界中的一切存在者包括人类在内，不应该不受限制地进行占有和征服，在向外界索取时要铭记限度，不能肆无忌惮地破坏生态秩序，以免造成生态灾难。古人刻绘的这些汉画勾抉出了儒家自然哲学的学理菁华及所蕴孕的奥义，使我们看懂了儒家启迪世人认识王国自由的心灵行迹，可谓义深意远，理辩气厚。

第三，玉藏天地气。在传统观念里，人的命运和国家的气数跟天地之气有着十分神秘的联系，天地之气决定着国家的兴衰安危和个人的命禄厚薄。融入天地之气的循环意味着获得天命的荫佑，与天地之气隔绝则表示将失去天命的保护。古人认为，以玉制作的璧能够沟通天地之气。玉者，美石也。状如凝脂，温润而泽，葆光韫刚。璧乃"肉倍好"的玉器。肉，边也；好，孔也。因此，璧就是边大倍于孔的玉器。由于玉具有晶莹明丽的色彩和温滑坚刚的质地，所以玉像天。《周易·说卦》云："乾为玉为金。"孔颖达疏云："为玉为金，取其刚之清明也。"《诗·大雅·棫朴》云："金玉其相。"乾为天，再加之玉的白气如同天的光气，《礼记·聘仪》云："气如白虹，天也。"因而《论衡·谈天篇》便有"天乃玉石之类也"的认识，《白虎通·天地》中也有"璧圆象天"的记载。另外，玉还像地，《礼记·聘仪》中，孔子就说过玉"精神见于山川，地也"的话。对此孔颖达疏云，精神即精气，"精神见于山川"即玉的精气彻见于山川，谓玉在山川之中，精气彻见于外，地气含藏于内亦彻见于外，与地同，故云地也。意思是说，玉的白气能够从石

❶ 山东省博物馆、苍山县文化馆：《山东苍山元嘉元年画像石墓》，考古，1975年2期，第124-134页。

❷ 刘云涛：《山东莒县东莞出土汉画像石》，文物，2005年3期，第81-87页。

❸ 济宁地区文物组、嘉祥县文管所：《山东嘉祥宋山1980年出土的汉画像石》，文物，1982年5期，第60-70页。

中散发出来，跟地气先含藏于地内而后又通过山川将之表现于外的内在规定是一致的，所以玉又像地。这样，将包含天地机缄的玉璧放在哪里就相当于在哪里建造了一条阴阳流通循环、天地勾连和会的通道。由于玉或玉器散发的那种锦缎般的气能连结天地，所以古人贵玉，除《周礼》中“六瑞”全是玉器外，汉画中的玉璧图案也是比比皆是。从目前出土的汉画来看，这种象征天地交合，能够带来生化不息、万物蕃兴的璧共有两种。第一种为璧翣。璧翣始于周代，是以画缯、璧、采羽等物组成的装饰品，《礼记·明堂位》有“周之璧翣”一词，其疏云：“周代以物为翣，翣上戴之以璧，陈之而障柩车。”周天子之葬礼前后用“八翣”，目的主要是通过璧翣来实现与天地之气相通。到了汉代时，璧翣不仅在葬仪中使用，而且也在室内装饰中使用。《汉书·孝成赵皇后》写赵飞燕昭阳殿的豪华状貌时就有“璧带往往为黄金釭，涵蓝田璧，明珠、翠羽饰之”的记述。班固《西都赋》在描述长安宫殿的奢华时，有“金釭衔璧，是为列钱。翡翠火齐，流耀含英”的语句。张衡的《西京赋》里也写到了汉代居室用璧翣装饰的情况：“翡翠火齐，络以美玉。流悬黎之夜光，缀随珠以为烛。”仲长统《昌言》说汉代为宫室者，都要“璧带加珠玉之物”。何清谷《三辅黄图》在记未央宫的建设情况时就有“黄金为璧带，间以和氏珍玉”的描述。这种在宫廷墙壁上悬挂玉饰的风俗在汉画中也有表现，如在沂南汉画墓出土的画像石中就刻绘了 6 幅璧翣纹饰❶，在长沙沙子塘 1 号汉墓外椁上绘有璧翣纹漆画，在新疆民丰县北大沙漠汉墓和内蒙古诺颜乌拉 6 号汉墓分别出土有璧翣汉绣。第二种为玉璧。汉画中的玉璧，或单独出现，或以二龙穿璧的形式出现，十分常见。人们或将玉璧图案刻在墓壁上，或用彩漆将玉璧图样绘在棺盖上，或将玉璧图绘于棺上的锦幡之中。他们虽然没有用文字写下玉气通天地的专论，但是以烂漫的葩蕊隐匿了天地之气的花信，用妩媚的画像抒写了没有明言的情结。沟通天地的功能使玉成了天地造化之气钟集的界标。

汉画让我们真切地了解生态审美观中的自然哲学苑囿中气范畴那“郁郁乎”的气象与规模，气是产生生命的基础，也是世界得以存在的前提，在儒家这一独具特色的气场里，万事万物都会变得气韵生动。气的流动有利于大化顺利运行，避免自然失序，使万物在那敦厚清明之气中茁壮成长。气通则生，气滞则死，自然的合目的性和本质规定性是生生，而生生的力量恰恰就来自气的畅通。气在汉画中呈现的万物相通状态，是符合儒家生态原则的基

❶ 《中国汉画像石全集》编辑委员会：《中国汉画像石全集（1）》，山东美术出版社等 2000 年版。

本状态，沉厚精致，谨严细润，展现了生态审美观那深邃而瑰丽的风色。汉代人将气在自然实体间的存在状态作为汉画内容在进行广泛刻绘，既是对生态美的评骘与推扬，也是对自然实体间鲜活通气模式的追思与敬仰。

二、人对天地的感通使人类能够通过干预气来改变规律

在儒家看来，人乃天地二气中和的产物，人跟自然的关系是一种内在性的关系，天地之性即为人之性。由于“天地之大德曰生”，天地之性为生，自古及今生物不尽，所以这个“生之性”自然也就成了人性的本质规定。人跟自然万物为一气所生，万物之理皆具备于人身之中，这就要求人在爱人之外，还要视自己跟天地万物为一体，不仅以人来对待它们、亲近它们，消除私欲，充分绽放人的内在善性，而且要把爱扩大到禽兽、昆虫、草木及以下的瓦砾、山水、土地等惰性物体上，做到跟鸟兽虫鱼、草木山川之间无有分隔，厚生促生和利生。这种人文融贯、学理化臻的精神境界在儒家中便叫作仁。让仁心感通天地阴阳，在精神层面以恻隐之心怜爱自然万物，这是儒家自然哲学倡导的最高境界。

人跟自然万物同源一气的内在性关系注定了儒家在以仁心感通自然、弼助天地生生的行为中就蕴潜着影响自然规律实现的成分。所谓规律，就是事物间内在的本质联系。从汉画来看，儒家显然已经认识到自然是有规律的。但是，由于气的普遍性及气在一定条件下能够不断发生改变的事实，所以儒家自然哲学讲的规律是一种生态性规律。这种生态性规律跟现代科学所说的规律相较还存在有本质差异，它只是一个具体的时段里表现出的稳定性和恒常性，而不是一种绝对的必然性。在中国传统哲学中，天道以无常为常、无为为为，以处常为经、处变为权，虽然气具有稳定性和恒常性，以此所生之物也符合常理，但气潜伏着变化，变化是气的固有品质，气始终处在变化之中。其既无津涯，非西方“规律”之义所能限，又有时势，非西方“规律”之制所能尽，故而尽管《荀子·天论》有“天有常道矣，地有常数矣”之说，但是，“天地之德不易，而天地之化日新”，所生化之物并不表现出一种绝对的必然性而会出现偶然性的例外。由于这样的原因，作为君子，在尽常然而不撼于偶然的同时，还要因时顺势地调节和变通气，使事物向着好的方向发展。气薄为霜露，气浓为云雨。春日熏蒸之气未浓则春雨少，夏天熏蒸之气有余则下雨多，有淫潦之年必有亢阳之岁。若阴气不足则阳气必然有余，若阴气有余则阳气定然不足。这在汉画中都是“四时不忒”的生活常态，具有稳定性和恒常性。凤鸟、麒麟、黄龙、白虎和萱荚、朱草、灵芝、

嘉禾、景星、祥云等是上天所褒奖的祥瑞，它们本为太平之应，是常态之下阴阳各足、元气和顺的表现。汉画刻绘此类题材歌颂的是天道的规律性和善性。虽然天道有常，但当行为失德、王政失睦，气就会逆行干天，上下不和，自然中就会阴阳缪盭而有旱涝、日食、月食、孛星等灾异出现。如果说祥瑞来自于王政协睦，那么在汉儒看来，灾异则缘起于恶政而生的恶气。陆贾《新语·明诫》云："恶政生恶气，恶气生灾异，螟虫之类，随气而生，虹霓之属，因政而见。治道失于下，则天示变于上，恶政流于民，则螟虫生于野。"他认为恶气积蓄不散是导致妖孽灾异非常态的直接原因。沴气为恶气之一，当为政失道、用物伤天，民被其害而不知疏决，致使怨气积冤气盛时，天地间就将会出现沴气。气不和而相伤为沴气，《汉书·五行志中》云："气相伤为之沴，沴犹临莅，不如意也。"当沴气出现时，古人认为将会给天地间带来诸如阴阳失节、川泽干涸、云雾阻塞、三光错行之类的非常态惨烈景象。此类非常态景象在汉画中也有过充分的表现，如"河拆川竭，煎沙烂石"的汤时大旱画像，在全国主要的汉画产区中都有相当多的刻绘。水是万物的命脉，苟得其润，无物不繁，苟失其养，无物不殒。由于受新冰期及新高温期气候、大陆性季风气候诸因素的影响，刘汉皇朝践祚的四百余年间，疆土上的降水量减少很多，旱灾在大河上下、长城内外蔓延不息，成为两汉时期的主要灾种。据邓云涛《中国救荒史》统计，仅全国性大的旱灾就达八十一次之多。[1]《汉书·宣帝纪》载，本始三年五月，"大旱，郡国伤旱甚者，民毋出租赋，三辅民就贱者，且毋收事，尽四年"。《后汉书·周举传》载，阳嘉三年，"河南、三辅大旱，五谷灾伤"。除此之外，表现旱灾的词句如"湖沼淤涸""大旱，民多渴死""野绝青草""赤地千里""河川竭"等，更是充斥于前后汉书的字里行间。旱灾给农业带来了严重危害，造成粮食歉收或绝收，致使百姓饥馑，人相啖食，惊耳骇目。对天旱无雨缺乏科学认知的官府和民众都将其视为沴气所致的不祥。汉画对于灾异这种自然紊乱现象的表现，是汉代人对儒家生态性规律的"常"外之变的深刻体认。另外，在汉儒心目中，气是天人存在的基础，天人之间没有本质差别，人跟自然是一个有机整体，须臾不可分离。不仅人的形体为气化生，而且人之心性也由气赋命。在世界万物之中，因为只有人禀受五行灵秀、和气精华，并能用正通明达的仁曲成兼乎人间万物，所以世间没有比人更高贵的。《尚书·泰誓上》云："惟人万物之灵。"《孝经·圣治章》云："天地之性，人为贵。"《春秋繁露·天地阴阳》亦云："以此见人之超然万物之上，而最为

[1] 邓云涛：《中国救荒史》，商务印书馆1937年版。

天下贵也。”人的这种高贵之处，决定了人在自然面前不会是无所作为的。在具体的化育方面，人不仅可以知天，而且可以制天，能以仁心仁性“制天命而用之”，使天为人所用，满足人的要求。这跟现代对规律不以人的意志为转移的认识尽管有着本质上的不同，但在汉代却被当作可靠的知识而被世人认可和遵守的。这样一来，不光自然会影响人，人也可以对自然施加影响，让自然界出现金岳霖的“理有固然，势无必至”的奇特景观。在儒家看来，旱灾的成因在于天存沴孽，赤乌夹日，阳气过盛，偏离了常态所致。阴阳是相反之气，而相反之气不得同盛，此有余则彼必然不足。

阳气殊常，对阴气损伤甚巨。要想求得阴气凝结为雨，只有通过损阳益阴来感召天和才能实现。射日汉画形象而详细地表现了这种消盛阳、养弱阴的求雨仪式。由于儒家的开阴闭阳理论在汉代具有深远影响，所以射日画像不光出现范围广、出土数量多，而且画面构图也大致相同。一般都是一棵干枯的大树，上栖金乌数只，树下一人，长襦大裤，折腰张弓向金乌仰射。金乌是太阳的象征，大树则代表日出其下的神木扶桑树，如南阳射日画像石中❶，刻一有枝无叶的大树，当为扶桑，上栖金乌数只，树下一穿长襦大裤的射者，正折腰侧身仰射金乌；又如郑州新通桥出土的射日画像砖上，一棵枝枯叶秃的扶桑树上，栖着金乌 3 只，另一只正向枯枝飞来，身着长襦大裤的射者正跨步拉弓向树上仰射。❷射日的哲学基础是汉儒的“物以类应”思想，《春秋繁露·同类相动》云：“美事召美事，恶事召恶事，类之相应而起也。如马鸣则马应之，牛鸣则牛应之。”物以类相召，认为只要射日损阳益阴，天就会因此而起阴以致雨。“阳阴之气，固可以类相益损也。”天人由气相连，通过气这个媒介，天能感应人事，人也能干预上天。坚信只要对阳气的喻象物日实施射杀，就能损阳增阴进而解除旱情。这种射日画像的刻绘透露出汉代儒家哲学的厚重意蕴。

在汉代，儒家眼里那个管着下不下雨的天不仅是自然的和道德的，而且更是神灵化的。在汉儒的神学体系中，旱灾（当然还有其他灾害）就成为上天显示自己意志的工具。干旱示警，在儒家看来，实乃天意的表现，是因为人事不协天心、鬼神仇怨之气扰害天理而招致的灾异之象。面对具有无穷神力的天，民众务必要有一颗敬畏天命的虔诚心。要想禳旱避灾，通过祭祀感召天和不仅是儒家敬畏、感激神性之天这一宗教精神的集中表现，而且也是儒家从根本上影响自然、改变自然规律以调和阴阳的有效方法。考察汉画可

❶ 韩玉祥，曹新洲：《南阳汉画像石精粹》，河南美术出版社 2005 年版。

❷ 郑州市博物馆：《郑州新通桥汉代画像空心砖墓》，文物，1972 年 10 期，第 41-48 页。

知，雩祭是汉代民众热衷的求雨之祭。《春秋繁露·精华》云："大旱雩祭而请雨。"雩之为祭，三代以前不见经传，《周礼·地官》中才有舞师舞汉暵、稻人供雩敛之事，雩祭之名始见，时间一般定在万物开始旺长的四月。至春秋时期，多有非时而举此祭者，秦汉时更是逢旱便举。雩祭的内容虽然会因时令的不同而有所变化，但一年四季不论何时举祭，兴应龙都是不可或缺的内容。应龙为有翼之龙，为天上神物，由普通龙历经一千五百年演化而成，德盛泽丰则出，动静合仪乃现，春分时而登天，秋分时则潜渊，具有控引风雨的神功。《周易·乾·文言》云："云从龙，风从虎。"云即气，云气集聚方成降雨。龙可致雨的观念在汉代已经十分流行，《春秋繁露·同类相动》云："以龙致雨。"因为拥有助云气润万物的能力，所以雩祭时都少不了应龙。《汉书·天文志》云："旱而为应龙之状，乃得大雨。"《论衡·寒温篇》亦云："以龙致雨，雨应龙而来。"应龙画像目前出土较多，徐州地区代表性的应龙图像有 15 幅，齐鲁地区出土数量较大有 18 幅，川滇、晋陕等地也出土不少。南阳在汉代气候较为干旱，从相关史书来看，冬春夏三季连旱的惨剧经常发生，所以出土的应龙图像较之全国任何一个地方都多。从目前已科学发掘的 275 座汉画墓来看，每墓少则一幅，多则数幅，如南阳市安居新村汉画墓北前室门楣正面刻一应龙，震翼做飞腾状，身后有翻卷的云气。❶又如南阳市八一路汉画墓前室过梁东侧，一应龙曲颈展翼，身后卷起浓重的云气。南阳出土 2 幅以上应龙画像石的墓葬也不少，如南阳市陈棚汉代彩绘画像石墓出土应龙画像石 2 幅，一幅位于后室北过梁南面，应龙身后有大团云气；另一幅刻于南前室门楣正面，应龙身后也有大团云气。❷南阳县英庄汉画墓出土的应龙图像多达 4 幅：第一幅出现于前室上方，应龙在云气中飞腾；第二幅刻于大梁东侧，应龙腾云驾雾做飞腾状；第三幅刻于大梁西侧，第四幅刻于东壁上方，应龙均做乘云升腾状。❸如此众多的应龙画像，与当时两汉天下亢旱的现实有关。这些画像虽出于民手却当于圣贤之心，虽载之砖石但裨于天地之道，平易明白，晓畅精实。董仲舒《春秋繁露·求雨》详细记载了汉代敬龙、悦龙、祈龙降雨消灾仪法的全部过程，通过比照汉画中这些诱阴使进的古风，对于深入准确地把握儒家相关敬龙、悦

---

❶ 南阳市文物考古研究所：《河南南阳市安居新村汉画像石墓》，考古，2005 年 8 期，第 27-33 页。

❷ 南阳市文物考古研究所：《河南南阳市八一路汉代画像石墓》，考古，2012 年 6 期，第 14-25 页。

❸ 蒋宏杰，赫玉建，刘小兵，鞠辉：《河南南阳陈棚汉代彩绘画像石墓》，考古学报，2007 年 2 期，第 233-266 页。

龙、祈求龙神降下甘霖的天道时序观而言具有特别重要意义。儒家视天地为赐人生命的父母，敬事鬼神乃儒家哲学的秘诀妙机。虔敬所报，鬼神感格，认为只有真心诚意地去感念受祭者的功德，受祭者才会因为感动而赐福于祭祀者。汉画内容主要源于儒家的思想传统，天虚之气是推动世人不泥于常而通其变、不责其经而谅其权，实现天禀之性的内在力量。刻绘应龙即为信奉敬仰应龙，汉画要求从祭祀应龙、怀柔神灵出发恭顺地侍奉云气以增益阴气，在表现民众对儒家关于天之神性主宰含义的高度认同的同时，也表现了生态及其规律都会因为人的干预而发生改变的事实。这种干预和改变由于是建立在敬畏、感激的基础之上，是一种发自内心的宗教情感，所以就能够保证人们在致其严敬的前提下去遵守天时，调和阴阳，从而让天气变得风调雨顺。人与天地之间这种有机的关系，对于眼下的社会而言，是非常需要的。此类画像透露出民众对失衡阴阳那充满悲怆激情的抗争和对和顺时序的渴盼、济世成物的憧憬，既是对人尊严和性命的文化叩问，也是对人存在价值的哲学评估。

三、人应该维护气的流通循环

儒家气学思想的要害只在一个通字，通之外便无所谓儒家气学。天地变化、人物之生等都是气化流行的产物。另外，有形的万物和无形的太虚作为气的化生物不仅同质同构彼此感通，而且还相互联系相依相扶，所以不能将天地人看成是一种外在的关系。《春秋繁露·立元神》云："三者相为手足，合以成体，不可一无也。"人类离不开天地，天地也离不开人类。若没有天地，就没有人类及生存的条件，但若没有人类，天地的"生生不息"之德就无法彰显。既然人跟天地的关系是内在性的，那么人就应该与天地合德，帮助和促进气的顺畅流通，使天地正常运转。这是儒学题材汉画立意的基础，更是儒家之气图像所展露的鲜明主题。

第一，在儒家看来，六合原是一个气世界，气不仅赋予自然界中各个实体以生气，而且将它们联结为一个互为关联的有机整体。气是个活物，人类的一举一动都会引起天地的反应。因此，人类在实践活动的对象面前，一定要小心谨慎，谨记山川有灵，重视陵阜变迁，不能妨碍气的流通。两汉皇帝十分重视以时宣气的重要性，诏令中有很多不违节令、顺应天时的告诫，如《汉书·成帝纪》中成帝曾下诏云："昔在帝尧立羲、和之官，命以四时之事，令不失其事。故《书》云'黎民于蕃时雍'，明以阴阳为本也。今公卿大夫或不信阴阳，薄而小之，所奏请多违时政。传以不知，周行天下，而欲望阴阳和调，岂不谬哉。其务顺四时月令。”《后汉书·安帝纪》中安帝也下诏曰：“月令仲春‘养幼小，存诸孤’，季春‘赐贫穷，赈乏绝，省妇使，表贞女’，所以顺阳气，崇生长也。”人在现实生活中不能破坏自然通气，否则，由此而产生的害处将不可胜言。除此之外，《礼记·月令》还把违背时令可能引起的天地灾害一一列出，要求人们主动约束自己的行为以顺应天时。儒家认为阴阳经纬日月星辰，天气所重，地脉所系，只有牢记助通阴阳的职责，政事协于天心，才能消弭天变地灾。为此，在罗列了违背时令、阻碍气的正常流通所产生的种种弊端之后，又因时制宜，依据各个时令气的运行特点，详细规定了人们的活动内容，如春主生，当进入孟春之月，由于“天气下降，地气上腾，天地和同，草木萌动”，所以此时君王要“命布农事，命田舍东郊，皆修封疆，审端经术”，立春之日，“天子亲率三公九卿诸侯大夫以迎春于东郊”，就是说君王在这一天要按时令的檀板节拍呼唤春风满孕，发布农事安排，命管理农业的官员住在国之东郊，一方面迎接温煦春气和可耕之候的到来，另外，要在春风拂弱柳、细雨润新苗之际检校农事，整饬田间，指导民众耕种。当节令进入孟冬，因为“天气上腾，地气下降，天地不通，闭塞而成冬”，阴壮而阳微，阳气凝聚并已潜藏进土层中，宇宙入静，此时若稍有泄露就会给人和万物带来诸如“诸蛰则死，民必疾疫”之类的戕害，所以针对孟冬月气运行的这一特点，《礼记·月令》要求人们只能依据“收敛、闭藏”的原则开展完善守备、加强防御方面的活动。综合考察汉画的流变史，不难发现，凡是出土量大、分布范围广的题材，往往和当时的主流思想联系紧密，表现儒家依照天地之气特点行事的汉画就是如此。此类汉画很多，全国重要的汉画产区如齐鲁、晋陕、苏浙、豫皖等地均有大量出土。不光有描述协同土膏有序搏动而籍田祈谷的瑰丽诗篇，更有感应冬去春来信息而祭祀春神的幸福歌唱。句芒为伏羲的长子，名重，春官。《吕氏春秋·孟春》有“其帝太皞，其神句芒”句，高诱注：“太皞，伏羲氏，以木德王天下之号，死祀于东方，为木德之帝。句芒，少皞氏之裔子曰重，佐木德之帝，死为木官之神。”木属东方，因而又叫春官，亦叫青帝，掌管春天的农业活动。《礼记·月令》云：“孟春之月其帝太皞，其神句芒，余春月皆然。”作为立春迎气的祭祀对象，句芒常以鸟身人面乘两龙的形象出现在演耕籍田的礼乐仪式中。汉画模山范水，细心地从儒家哲学中掇拾香草，努力使画面荡漾出浓烈的儒学生气。祭祀句芒的汉画现已在陕西、山东、河南等地的汉墓中发现了好几处，如在陕西神木大保当汉画墓墓门左侧，句芒人面鸟足，其左为一飞龙，飞龙之下为一走龙。❶ 在洛阳新莽时期的墓室壁画中，句芒为人面鸟身，长尾双翼。❷ 跟这幅汉画相近的，山东汉画中也有好几幅。在祭春迎气之俗中，除祭祀句芒以求寒暑时、风雨节外，汉代还时兴出土牛的风习。出土牛习俗起源甚早，《礼记·月令》中就有立春日出土牛以送寒气的记载。牛为丑，丑为阴，寒亦为阴，二者同类且因牛可驱牵驾驭，所以在季冬严寒到来之际，天子就要“命有司大难旁磔，出土牛以送寒气”。到了汉代，出土牛的意蕴发生了演变，不仅仪式的时间由季冬改在了立春之日，而且送寒气的内涵也被劝农春耕给取代了。《后汉书·礼仪上》云：“立春之日，夜漏未尽五刻，京师百官皆衣青衣，郡国县道官下至斗食令史，皆服青帻，立青幡，施土牛耕人于门外，以示兆民，至立夏。”1958年南阳出土的“张景造土牛碑”是记述这一习俗的珍贵资料。碑文刻于延熹二年，对立春时造土牛以劝民不误农时和郡守丞同意张景以“家钱”包揽举办出土牛仪式的全部资费做了详细记述。❸ 这束迎春报春花枝里所乍现的斑斓春色真实地反映了此俗在汉代的重要地位和当时的文化心理。孟春之月房星位于正南，日月至于营室，阳气厚积土气发动，正是劝农勤力耕作以疏导地气，确保万物繁华的绝佳时机。只有不违逆天理，养气脉慰神灵以感召天和，抓住有利时机耕耨于田畴垄亩，才算是对土地真正的尊敬。“民之大事在农”，它不光关系着田庐之乐，而且关系着衣食之计。画像和铭文中那深沉的吐纳，既是远古籍田礼仪长期熏沐风土世情的反映，也是呼应季候律动并期望通过疏泄土气以避免脉气郁结，从而让生意蕴蓄、气脉贯通的土地在秋天带来丰硕收成的民众意愿的表现。戟和盾都是汉代常用的兵器，文献中记载较多，如《汉书·周勃传》云：“皇帝入未央宫，有谒者十人持戟卫端门。”因戟既可直刺又可横击，故用于防卫，而盾则用于护身，作战时以用来抵御敌人的刀箭。《史记·项羽本纪》写刘邦在鸿门宴的危急关头，其部下樊哙“带剑拥盾入军门，交戟之卫士欲止不内，樊哙侧身以盾撞，卫士仆地，哙遂入”。汉时有低级武官和卫士执盾的风尚。特别是亭长，因为主捕盗罪，所以更经常执盾。《后汉书·逸民列传》李贤注云：“亭长主捕盗罪，故执盾也。”在孟冬所葬的汉墓中，画像中刻绘的门吏和武士，手中持戟执盾者较多，出现的位置大多在门的旁边，守卫意图相当明显。唐河汉郁

---

❶ 陕西省考古研究所、榆林地区文物管理委员会：《陕西神木大保当第 11 号、第 23 号汉画像石墓发掘简报》，文物，1997 年 9 期，第 26-35 页。

❷ 苏健：《洛阳汉代彩绘》，中州书画社 1986 年版。

❸ 徐玉立：《汉碑全集（三）》，河南美术出版社 2006 年版。

平大尹冯君孺人画像石墓，就是一座典型墓葬。发掘报告显示，整个墓葬“为一近似正方形的天井式院落建筑”，主室中柱刻“郁平大尹冯君孺人始建国天凤五年十月十柒日癸巳葬”等字，表明葬于孟冬时节。南阁室门楣正中刻“郁平大尹冯君孺人藏阁”十字，藏阁前门北壁处刻一执盾佩剑门吏，侍卫装束；通往西阁室的门口处刻一执戟小吏，立在身着长襦、执笏对揖的二人身后；藏阁前门南壁处，刻一左手握剑右手执盾的侍卫，警惕地守护着主人的藏阁。❶ 此类画像被安置在这种特殊位置，加强守备、“以固而闭”的用意也就再清楚不过了。除握戟执盾的画像之外，在孟冬时节的汉画中，执金吾的形象也很多见，如山西中阳县道棠村汉代沐叔孙墓，立柱正面刻有“和平元年十月五日甲午故中郎将安集掾平定沐叔孙舍”铭文，墓室横额上刻绘庄园画像，园外立一执金吾者，门吏打扮。❷ 执金吾为汉时保卫京城的官员的官名，原名中尉，武帝太初元年改名为执金吾，王莽时改为奋武，东汉时又复称执金吾。颜师古注引汉应劭曰：“吾者，御也，掌执金革以御非常。”在汉代，吾又有金吾和木吾之分，崔豹《古今注·舆服》云：“金吾亦棒也，以铜为之，黄金涂两末，谓为金吾。御史大夫、司隶校尉，亦得执焉。御史、校尉、郡守、都尉、县长之类，皆以木为吾焉。”由于古时有“人马逼战，刀不如棒”之说，所以金吾或木吾就成了门吏看家护院、防御非常的常用兵器。把执金吾的画像刻在墓室里，守备警卫的意义便不言自明。春生夏长秋收冬藏，物之冬藏犹人之夜歇，所以消疲倦蓄精神休养生息者也。人若夜里休息得好，次日必然精力充沛。万物也是如此，严冬之时，天地间万物无不呈现收敛之态，越收敛越有利于储蓄精神，精神一俟积多，生发之气便会更加条畅。常说冬天万物归命，原因就在这里。这些描绘生活风光的画面堪称汉代遵守孟冬之气运行规律、不使地气外泄，保证万物归命的珍贵资料。

第二，气的本性是生生，每时每刻都在生育万物。王振复先生说：“生乃气之魂魄，气乃生之根因。在文化意识中，气与生始终是融合在一起的。”❸ 气者，万物之枢纽，万理之橐钥。人钟之而成尧舜禹，兽得之而为龙凤麟。如何让已经坏死的躯体再重新续接生的讯息？如何使墓穴所在之地风

---

❶ 南阳地区文物队、南阳博物馆：《唐河汉郁平大尹冯君孺人画像石墓》，考古学报，1980 年 2 期，第 239-262 页。

❷ 《中国汉画像石全集》编辑委员会：《中国汉画像石全集（5）》，山东美术出版社等 2000 年版。

❸ 王振复等：《中国美术范畴史：第 1 卷》，山西教育出版社 2006 年版。

和气清、地脉不绝？古人在安置死人的墓葬时深知，不仅不能阻碍气的循环流动，而且更要帮助和促进气在各个实体间顺利交换。郭璞《葬经》云："葬者，乘生气也。"让能使万物生长的生气兴旺发达，如八达之衢无所不通，似日月之明无所不照，源源不断地弥漫在阴宅的四周，这是中国人的崇高愿望和重要追求。

汉画中的助气方法，主要有川谷导气和阴阳交合两种。导气就是使气通达、循环。川谷的行进路径，犹如人的经络般绾合缠纽，其涌通的状态，亦似血脉导行于身那样贯通流注。作为诸生之根、万物之基的水，原本就是天地之气，"在内为气，出表为水"❶。它的贯通流注不仅会把自然实体联结为一个整体，而且能把生命气息播散于各个实体之上，因此对于具有导气促和作用的川谷而言，只能疏浚使其畅通而不能轻易堵塞。《国语·周语下》载周灵王二十二年，因谷水泛滥将殃及王宫，周灵王决计要"壅川"，遭到太子晋的反对。理由是："晋闻古之长民者，不堕山，不崇薮，不防川，不窦泽。夫山，土之聚也。薮，物之归也。川，气之导也。泽，水之钟也。夫天地成而聚于高，物归于下。疏为川谷，以导其气。陂塘汙庳，以钟其美。是故聚不阤崩，而物有所归。气不沈滞，而亦不散越。是以民生有财用，而死有所葬。"因为川谷能够行气，所以它也是汉画中常见的内容，如山东临沂县白庄汉墓出土的画像石上，山峙川流，鸟啼花艳。河上架一桥梁，桥下有1人行船，水流清澈，纤鳞呈形。❷ 四川广汉出土的汉画像砖上，水流湍急，1筏顺流而下，1人跪在筏边打捞水面上的漂浮物，1人奋力撑筏，河边有1人垂钓，水中有鱼鳖出没。❸ 从汉画来看，川作为自然界中的一种现象，冬夏不辍，日夜不休，河水蒸腾，化作云气，形成降雨，再流入川谷，完成了水气的循环。《周易·复》把这种循环运动叫作"天地之心"，认为是天地最根本的规则，卦象是震下坤上，雷在地中。《卦》云："反复其道，七日来复。利有攸往。"《彖》曰："反复其道，七日来复。天行也。利有攸往，刚长也。复见其天地之心乎。"河流乃蓄气之器，把自然界各实体联结成一个运动、和谐的有机整体，还能为人们提供财用。让人从河川里捕鱼擒鳖，就是帮助阴阳二气顺利运行，是实现万民安业、上下和顺的重要条

---

❶ 邹介正：《三农记校释》，中国农业出版社1989年版。

❷ 山东省博物馆、山东省文物考古研究所：《山东汉画像石选集》，齐鲁书社1982年版。

❸ 俞伟超，信立祥：《中国画像砖全集》，四川美术出版社2006年版。

件，所以古人特别重视，在墓中刻绘了很多这方面的内容。在南阳英庄出土的川谷导气汉画像石上，岸边层峦叠嶂，野兽出没，水流之上云气蒸腾，烟雾袅袅。2 人泛舟中流，1 人荡桨 1 人摆弄渔具，岸两边各站 1 人正在网鱼。❶ 对于天地之气通达所带来的万物丰润和泉池之赋，汉画在司道协志、予以充分表现的同时，有的还题刻文字进行说明，可谓是图文并茂、意足神完，如山东苍山元嘉元年墓出土的画像石上，桥下一船，船上有 3 人在捕鱼。同墓出土的题记分别刻写有“卫桥”“下有深水多鱼者”等字。而与此对应的东壁门楣正面画像上，除刻绘车队外，还在车骑上方刻绘了云气。题记中说明性的文字则是“上即圣鸟乘浮云”7 字。❷ 川渊为鱼龙栖地，山林乃鸟兽居所。《荀子·致士》云：“川渊深而鱼鳖归之，山林茂而禽兽归之。”川谷所导，不是和风甘雨之气，就是青天朗月之气。古人认为，前者可致从容温润，后者可致聪明洞达。若有所钟，则必有所似，得之则长养，失之则穷病。这些剀切明畅的画像启示人们，只要保证川谷之气畅通，使万物都受到水气的滋润，那么就会志畅意满、胸中无累，大可不必担心材用匮乏。

汉画中刻绘的阴阳交合内容，也是一个值得留意的助气现象，如伏羲女娲是汉画墓里经常刻绘的图像，伏羲主阳，女娲主阴，古人常把它们以对称的形式刻绘在墓中。南阳十里铺二号汉画墓出土的伏羲图位于后室南门柱北侧。女娲像则位于后室北门柱南侧。❸ 羲和与常羲也是汉画中经常用来表现阴阳和合的图像，羲和捧日，主阳；常羲捧月，主阴。在南阳麒麟岗汉画像石墓中，羲和怀抱太阳，刻绘在墓室南大门门楣；❹ 常羲怀抱月亮，刻绘于北大门门楣。❺ 阴阳在儒家的“生生”思想里分别具有成和生的作用。这种阳生阴成作用按照《周易·系辞上》的说法就是“乾知太始，坤作成物”。乾为阳，坤为阴，阳气浩淼宏大自然流行，能给万物以生命，《周易·乾·彖》云：“大哉乾元，万物资始，乃通天。”阴气顺从阳气，“简省凝静，无所营为”，柔顺内敛，广远厚重，施与万物能够使之顺遂地成长。《周易·坤·彖》云：“至哉坤元，万物资生，乃顺承天，坤厚载物，德合无疆。”在乾道变化的过程中，阳气赋予了万物的同一性而让它们和谐相

---

❶ 南阳地区文物工作队、南阳县文化馆：《河南南阳县英庄汉画像石墓》，文物，1984 年 3 期，第 25-37 页。

❷ 山东省博物馆、苍山县文化馆：《山东苍山元嘉元年画像石墓》考古，1975 年 2 期，第 124-134 页。

❸ 南阳市文物研究所：《河南省南阳市十里铺二号画像石墓》，中原文物，1996 年 3 期，第 18-21 页。

❹ 俞伟超，信立祥：《中国画像砖全集》，四川美术出版社 2006 年版。

❺ 黄雅峰：《南阳麒麟岗汉画像石墓》，三秦出版社 2008 年版。

处，阴气顺承阳气，任物自成，不仅让万物获得生命而且还让各类事物实现亨通，因此宋代周敦颐在《通书·顺化》中赞曰：“天以阳生万物，以阴成万物。生，仁；成，义。”但是阴阳二物功德相埒，孤阴不生，独阳不长，阴阳互根，无阳则阴无以生，无阴则阳无以化。从相关汉画来看，世界万有生成的“仁义”之举是在阴阳并存相交的境况下形成的，如果阴阳分离，那么将“万物不兴”。《周易·系辞下》云：“男女构精，万物化生。”阴阳二气只有附着交感，共相和会，万物才能化生不息。《周易·归妹》的卦象是兑下震上，雷出于泽。兑为少女，震为长男，此卦为嫁妹之象，说明阴阳相交少长结合可使生物不已继嗣不绝。鉴于经典的神圣性和出于对万物蕃兴景象的向往，汉画规行矩步，有大量表现阴阳交合的内容，如山东平阴孟庄汉画墓前室立柱自上而下刻画像 2 幅，上为男女交媾场景，下为男女搂抱抚摸即将进行交媾的内容。山东莒县沈刘庄汉画墓刻一对男女在欲死欲仙地热吻。距齐鲁不远的徐州贾汪汉画像石墓出土的交合图上，一双男女正专心致志地忙于交媾，另一男子手执自己坚挺的硕阳在旁边热切等待。齐鲁之地远非全豹，川滇、晋陕还有很多。至于以伏羲女娲交尾象征阴阳交合的画像在全国的出土就更加众多，可谓是不胜枚举。

这种触及性命机理的画像在全国各地的广泛存在，有着强调阴阳并存生物的作用，展现出对阴阳二气的相推相摩即是道这一儒家自然哲学核心理念的无限忠悫与大度圆熟的文化理解。汉画在真实展现儒家有关哲理轨迹和文化图像的基底上，为儒家自然哲学贡献的历史经验和通和致化、交感臻变的智慧内核作出了厚重深邃的解释和评判。另外，阴阳二气的运动也有自己的特点和规律，《春秋繁露·循天之道》云：“阳之行，始于北方之中而止于南方之中；阴之行，始于南方之中而止于北方之中。”为调和阴阳，帮助二者顺畅地运行，汉画生动而形象地表现了儒家的助气思想，如日为阳月为阴，为了帮助二气顺利地相交，在唐河针织厂汉画像石墓中，把代表阳气的阳乌刻绘在墓北主室顶部，把代表阴气的月亮刻绘在墓南主室顶部。❶气为生化之旨，交乃运化之功。阴阳调方可成，具有哲蕴诗心特质的汉画跟儒学不仅不期而同、冥契暗合，而且道术会通，蹈迹承响，深刻地反映了阴阳二气不失其序地交感万物才能安然生息的学理真髓。哲意盈足，香色馥郁。顺从阴阳并把帮助阴阳二气顺利交感当成人的职责，不仅有利于万物化生、实现天下和平，而且有利于它在自然和人事中发挥正面作用，给人们带来元亨利贞的太平吉象。这些汉画的目光虽落在导气和阴阳两个层面，但意气已跨越

❶ 周到，李京华：《唐河针织厂汉画像石墓》，文物，1973 年 6 期，第 26-33 页。

了立己立人两个界限。在为世人解惑纾困的同时，也为儒家自然哲学之气范畴夯实了基础。汉画这种日月联藻、风云交彩的旖旎氛围所留下的一席美谈在给时代送去学理滋润的同时，也给人们带来了精神抚慰。

汉画之于气的表现深化了我们对于自然实体之间和人与自然之间有机联系的认识，万物在气的滋润下和谐共存本然状态的彰显使我们对于儒家自然哲学有了一些新的理解。日月星辰的圜转和山川土脉的卷舒所蕴含的阴阳生气，嘘噏流通，连续无间，上达云天下贯渊谷，将人与世界万物联结成生态一体性和相互依存性的单元，泯灭了万物行迹和六合界限，万物风姿也在风烟云气的牵引下因绵绵群山和迢迢川流而显得鲜活生动起来。毫无疑问，这些汉画作为儒家之气的标准模本，披沙拣金、掇拾珠玉，都表现了儒家自然哲学的本质内涵，揭示了人对于自然感通的智慧，深化了人类生命的意义。山川草木既透露阴阳交感消息，亦关联天地变化气运，气脉跟节令膏泽浑然一体，山川与生命律动表里相合，人类跟万物休戚与共、唇齿相依。气心养到这般极处，只看得世间一切都无孤立，万类更是一家。

时代在发展，社会在进步。面对日益变化的生态环境，汉画中相关儒家自然哲学的气范畴可以在当今西方万物实体是孤立的这一机械原子论世界观之外为人们道德地对待自然引来一道活水，提供了一个新的视角。作为一种重要的思想资源，理应引起我们的特别重视，并在兼容并蓄的基础上，探索更大的发展。

参考文献

[1] 周到，李京华．唐河针织厂画像石墓的发掘［J］．文物，1973（6）．

[2] 洛阳博物馆．洛阳西汉卜千秋壁画墓发掘简报［J］．文物，1977（6）．

[3] 河南省文化局文物工作队．河南襄城茨沟汉画像石墓［J］．考古学报，1994（1）．

[4] 王步毅．安徽宿县褚兰汉画像石墓［J］．考古学报，1993（4）．

[5] 陕西省考古研究所，西安交通大学．西安交通大学西汉壁画墓［M］．西安：安交通大学出版社，1991：8．

[6] 安金槐，王与刚．密县打虎亭汉代画像石墓和壁画墓［J］．文物，1972（2）．

[7] 黄明兰，郭引强．洛阳汉墓壁画［M］．北京：文物出版社，1996：65．

[8] 湖南省博物馆．长沙砂子塘西汉墓发掘简报［J］．文物，1963（3）．

[9] 孙作云．马王堆一号汉墓漆棺画考释［J］．考古，1973（4）．

[10] 陈江风．汉画像中的玉璧与墓葬观念［J］．中原文物，1994（4）．

[11] 南阳市博物馆，方城县文化馆．河南方城东关画像石墓［J］．文物，1980（3）．

[12] 朱存明．汉画像的象征世界［M］．北京：人民文学出版社，2015：267．

[13] 贾公彦．仪礼注疏［M］．北京：北京大学出版社，1999：34．

[14] 四川省博物馆．四川新都县发现一批画像砖［J］．文物,1980（2）．

[15] 张道一．汉画故事［M］．重庆：重庆大学出版社，2006：151．

[16] 南阳市博物馆．南阳县王寨汉画像石墓［J］．中原文物，1982（1）．

[17] 高亨．易经古经今注［M］．北京：中华书局，1984：295．

[18] 邓云涛．中国救荒史［M］．上海：商务印务馆，1937：11．

[19] 李安宅．仪礼与礼记之社会学研究［M］．上海：世纪出版集团，2005：14．

[20] 王子今．龙与远古虹崇拜［J］．文物天地，1989（4）．

[21] 孙作云．洛阳西汉壁画墓考释［J］．郑州大学学报，1977（4）．
[22] 杨泽波．从德福关系看儒家的人文特质［J］．中国社会科学，2010（4）．
[23] 刘志远．四川汉代画像砖艺术［M］．北京：中国古典艺术出版社，1958：103.
[24] 张秀清．郑州画像砖［M］．郑州：河南美术出版社，1988：95.
[25] 武利华．徐州汉画像石［M］．北京：线装书局，2004.
[26] 刘道广．中国汉画构图艺术的历史意义［J］．艺术百家，2012，（2）：135-143.
[27] 魏坚．内蒙古中南部汉代墓葬［M］．北京：中国大百科全书出版社，1998.
[28]《中国画像砖全集》编辑委员会．四川汉画像砖［M］．成都：四川美术出版社，2006.
[29] 山西省考古研究所，运城地区文化局，夏县文化局博物馆．山西夏县王村东汉壁画墓［J］．文物，1994，（8）．
[30]《中国汉画像石全集》编辑委员会．中国汉画像石全集（4）［M］．济南：山东美术出版社等，2000.
[31] 何双全．武威县韩佐五坝山汉墓群［A］．中国考古学年鉴［M］．北京：文物出版社，1985.
[32] 杜维明．存有的连续性［A］．［美］安乐哲，彭国祥，等译．儒家与气态［C］．南京：江苏教育出版社，2008.
[33] 王步毅．安徽宿县褚兰汉画像石墓［J］．考古学报，1993（4）：515-549.
[34] 榆林地区文管会，绥德县博物馆．陕西绥德县四十里铺画像石墓调查简报［J］．考古与文物，2002（3）：19-26.
[35] 山东省博物馆，苍山县文化馆．山东苍山元嘉元年画像石墓［J］．考古，1975（2）：124-134.
[36] 刘云涛．山东莒县东莞出土汉画像石［J］．文物，2005（3）：81-87.
[37] 济宁地区文物组，嘉祥县文管所．山东嘉祥宋山 1980 年出土的汉画像石［J］．文物，1982（5）：60-70.
[38]《中国汉画像石全集》编辑委员会．中国汉画像石全集（1）［M］．济南：山东美术出版社等，2000.
[39] 邓云涛．中国救荒史［M］．上海：商务印书馆，1937.

[40] 韩玉祥，曹新洲．南阳汉画像石精粹［M］．郑州：河南美术出版社，2005.
[41] 郑州市博物馆．郑州新通桥汉代画像空心砖墓［J］．文物，1972（10）：41-48.
[42] 南阳市文物考古研究所．河南南阳市安居新村汉画像石墓［J］．考古，2005（8）：27-33.
[43] 南阳市文物考古研究所．河南南阳市八一路汉代画像石墓［J］．考古，2012（6）：14-25.
[44] 蒋宏杰，赫玉建，刘小兵，等．河南南阳陈棚汉代彩绘画像石墓［J］．考古学报，2007（2）：233-266.
[45] 南阳地区文物工作队，南阳县文化馆．河南南阳县英庄汉画像石墓［J］．文物，1984（3）：25-37.
[46] 陕西省考古研究所，榆林地区文物管理委员会．陕西神木大保当第 11 号、第 23 号汉画像石墓发掘简报［J］．文物，1997（9）：26-35.
[47] 苏健．洛阳汉代彩绘［M］．郑州：中州书画社，1986.
[48] 徐玉立．汉碑全集（三）［M］．郑州：河南美术出版社，2006.
[49] 南阳地区文物队，南阳博物馆．唐河汉郁平大尹冯君孺人画像石墓［J］．考古学报，1980（2）：239-262.
[50]《中国汉画像石全集》编辑委员会．中国汉画像石全集（5）［M］．济南：山东美术出版社等，2000.
[51] 王振复等．中国美术范畴史：第 1 卷［M］．太原：山西教育出版社，2006.
[52] 邹介正．三农记校释［M］．北京：中国农业出版社，1989.
[53] 山东省博物馆，山东省文物考古研究所．山东汉画像石选集［M］．济南：齐鲁书社，1982.
[54] 俞伟超，信立祥．中国画像砖全集［M］．成都：四川美术出版社，2006.
[55] 南阳市文物研究所．河南省南阳市十里铺二号画像石墓［J］．中原文物，1996（3）：18-21.
[56] 黄雅峰．南阳麒麟岗汉画像石墓［M］．西安：三秦出版社，2008.
[57] 周到，李京华．唐河针织厂汉画像石墓［J］．文物，1973（6）：26-33.